Lars Green

Die Flagge

USA Washington D. C.
Spätsommer

Auflage 1

Umschlaggestaltung, Illustration: tredition GmbH / Lars Green

Verlag und Druck: tredition GmbH, Halenreie 40-44, 22359 Hamburg

ISBN Taschenbuch: 978-3-7469-8601-2
ISBN Hardcover: 978-3-7469-8602-9
ISBN e-Book: 978-3-7469-8603-6

Bibliografische Information der Deutschen Nationalbibliothek:
Die Deutsche Nationalbibliothek verzeichnet diese Publikation in der Deutschen Nationalbibliografie; detaillierte bibliografische Daten sind im Internet über http://dnb.d-nb.de abrufbar.

Kapitel 1

Der Tag war einer dieser späten Sommertage, an denen es noch wunderbar warm war und der Geruch des Sommers immer noch in der Luft lag, Cabrios noch bis spät in die Nacht offen fahren konnten und Ihre Umgebung mal mit schlechter oder guter Musik beschallten. Auch Coleman liebte diese Tage. Aber nun stand er nicht am Strand von Miami Beach, sondern auf dem oberen Teil der Treppe seiner Halle, hinter sich sein Büro. Er blicke prüfend auf seine Fahrzeuge, die in der Halle verteilt, aber geordnet gepackt waren.

Die Wagen, wie Cayenne Porsche und die Limousinen der Marke Audi glänzten in ihren schwarzen Farben, als wären sie nur Modelle zum Ansehen. Dabei waren sie für den Job, den sie ausübten lebenswichtig oder besser gesagt, überlebenswichtig. Jedes von ihnen war mal mehr oder weniger gepanzert. Die Wagen mit der sichersten Panzerung VR9 in der Firma waren meist die Modelle der Marke Audi.

Coleman beobachtete seine Mitarbeiter, die um die Autos gingen, um sie zu beladen oder Sachen herausnahmen. Inzwischen hatte er sich ein Top Team aufgebaut, loyal bis zum Schluss. Es waren nicht die Art Typen, die auf das schnelle Geld aus waren, diese kannte er zu genüge. Solche Mitarbeiter wollte er in seinem Team nicht. Seine Leute machten Ihren Job nicht nur des Geldes willen, sondern aus Überzeugung. Man könnte sie fast als Leibwächter mit einem roten Kreutz betiteln, dennoch bezahlte Coleman sie gut.

„Hey Jack!“, rief Andre Coleman auf der Treppe zu. „Hast Du deine Weste mit?“ „Eine ganz neue und schon drunter, sie passt perfekt.“, erwiderte Coleman.
Coleman schlenderte zielstrebig die Treppen hinunter auf Andre zu.

„Hey Jack, Deutschland war toll! Du hattest Recht, aber es war viel zu kurz. Und so ein langer Flug. Ich hätte noch ein paar Tage dranhängen können. Aber ich wundere mich immer, dass es so klein ist, das gute alte Deutschland.“

„Ich weiß wovon ich spreche.“, grinste Coleman. „Das liegt daran, dass Du in meiner alten Heimat schneller fahren darfst als hier. Aber das du Dir das alles leisten kannst, ich bezahle Dir wohl zu viel.“, lachte Coleman.

„Ok sind alle fertig?“ Coleman sah in die Runde. Sein Team stand an den Audis mit offenen Türen. „Es sind alle bereit.“, antwortete Megan. „Jack gut, wir müssen erst einmal einen Intercom Check machen. Thomsen hat das defekte Funkgerät repariert, was wieder funktionieren sollte. Aber dennoch möchte ich es nach dem Start prüfen lassen, sodass wir unter Umständen auf einen Ersatzwagen ausweichen können.“, antwortete Coleman.
„Wenn es Probleme macht, gehen wir nur über unsere Funken am Mann.“, fügte Coleman noch als Info hinzu.

Das Hallentor öffnete sich nach Knopfdruck. Das schwere Tor bewegte sich nach oben, wobei die Sonne die gesamte Halle mit Ihrem warmen Licht durchflutete. Die schweren Motoren der Audis heulten auf und brummten kernig im Standgas.

Jack liebte diesen Moment, wenn die Instrumente in dem Wagen zum Leben erwachten und die Instrumentennadeln Ihre Showeinlage tanzten.
Alles im grünen Bereich,
Audi war bereit. Er legte Fahrstufe D ein, wonach ihn der Wagen mit einem leichten Ruck nach vorne zog.

Gene, der im hinteren Audi am Steuer saß, gab Jack ein kurzes Zeichen per Lichthupe, um ihm zu signalisieren, ′Wir sind Ready to run′.

Die beiden Audis rollten aus der Halle. Coleman drücke die Sprechtaste der Intercom Verständigungskontrolle „Wagen zwei!“

Nach einem kurzen Moment bekam Coleman seine Antwort im Duett lachend von Gene und Megan über die Intercom. „Wagen zwei Verständigung, TOP Ende.“

Gene und Megan waren ein tolles Team, beide verstanden sich seit der ersten Sekunde. Sie war damals Sanitäterin bei der Navy und Gene war ein Ex Marine Soldat. Die beiden hatten denselben schwarzen Humor und alberten gerne herum. Jedoch nur auf professioneller Ebene, denn sie waren beide verheiratet.

„Meinst Du nicht, dass Jack sich eine neue Lady anschaffen sollte?“, frage Megan.

Gene zuckte als Antwort nur mit den Schultern, denn einen gepanzerten PKW zu steuern war nicht so leicht, wie es in Filmen gezeigt wurde. Der Bremsweg, aber auch in den Kurven verhielt er sich deutlich anders, als ein nicht gepanzerter Wagen derselben Klasse. Was sich bereits schon mit dem Blick durch die Windschutzscheibe abzeichnete. Dennoch waren sie viel besser zu fahren, als die Modelle in den 90er Jahren.

„Er ist oft so Staubtrocken. Ich beobachte Ihn manchmal, dann wirken seine Augen oft traurig. Glaube das würde Ihm gut tun meinst Du nicht Gene?“ „Megan du alte Verkupplerin. Du weißt, dass die Trennung noch nicht so lange her ist.“, erwiderte Gene zu Megan. „und wir beide wissen nicht warum Sie sich getrennt haben, ich weiß nur, dass Sie fünf Jahre zusammen waren und Sie wohl gegangen ist.“ „Gene weißt Du, ich glaube er liebt sie immer noch darum hat er keine Neue. Genau das wird der Grund sein. Bestimmt habe ich recht Gene.“ „Du magst recht haben Megan, aber er ist schon ein Leckerchen.“, grinste Megan Gene an. „Megan Du bist verheiratet.“

lächelte Gene empört zurück.

Gene und Megan wussten die wahren Gründe beide nicht, Das wussten nur sehr wenige Menschen.
Die beiden schwarzen Audis durchquerten Capitol Hill, einer der teuersten und zum Wohnen beliebtesten Stadtteile von Washington D.C.

Dort lebte Sharon Hutton, die aktuelle Schutzperson von Jack Coleman´s Sicherheitsfirma.

Sie war eine 32 Jahre junge Journalistin. Eine Frau, die Esprit, Lebenslust, Ernsthaftigkeit Humor, Intelligenz, Sexappeal und Style in sich vereint. Einfach gesagt, warf sie so gut wie jeden Mann mit ihrem Lächeln aus der Bahn sie hatte in ihrer Jugend gemodelt, doch dieser Job war Ihr auf Dauer zu flach. Ständig grinsen zu müssen, war Ihr zu wenig. Weshalb Sie sich endschied, Journalistin zu werden und ging mit diesem Ziel an eine Elite Uni in den USA, was für sie, da sie aus einem sehr reichen Elternhaus stammte, leichter war, als für manch andere Einwohner der USA.

Kapitel 2

Drei Kilometer vor dem Haus von Sharon Hutton betätigt Andre über die Intercom in Coleman´s Audi: „Wagen eins Dream Liner an Fuchsbau, Fuchsbau bitte kommen!“ Eine Stimme durchflutet das Innere des Audis „Fuchsbau hört!“ Andre erwidert „Fuchsbau, eintreffen in fünf Minuten. Dreamliner eins, Ende.“

Die US Kollegen hatten immer Spaß an den Namen, die Coleman den Schutzpersonen oder Objekten gab. Sie waren wichtig, damit niemand die Namen oder Adressen der Schutzpersonen zuordnen konnte zum Beispiel, wenn man den Funkverkehr abhören sollte.
„Verstanden eins, Kommando Dreamliner in fünf Minuten vor Ort.“

Die beiden Audis bogen in die Zielstraße ein. Mittlerweile hatte die Sonne Ihre Position mehr nach Westen verlagert. Es scheint ein schöner Freitagabend zu werden, denkt sich Coleman.

Die beiden schwarzen 7 BMWs vor Huttons Haus waren nicht zu übersehen Welche der Tagschicht des Personenschutzes von Sharon Hutton gehörten. Selbst in der teuren Wohngegend fielen die beiden schwarzen Limousinen auf. Obwohl in der Hauptstadt der USA viele Sicherheitsfahrzeuge unterwegs waren, waren deutsche Fabrikate seltener anzutreffen. Aber Jack schwor immer auf die Deutschen Hersteller was Autos anging, egal was die Medien zu der Schummel-Software zu melden hatten. Was Funktechnik, ballistische Schutzwesten oder Waffen auf sich bezog nutze Jack auch gerne US Produkte.

Jack und Gene kamen von der entgegengesetzten Fahrtrichtung und fuhren an den beiden BMW´s vorbei. Die zwei Fahrer waren deutlich zu sehen.

Sie gaben den Fahrern der Audis ein Handzeichen als sie vorbei rollten, was so viel bedeutete, wie alles sauber. Wäre den beiden Fahrern im Vorfeld etwas aufgefallen, wäre es vorab gemeldet worden.

In diesem Job können sich Situation sehr schnell verändern. Das wussten alle die diesen Job mit Verstand erledigten. Viele die das erste Mal mit professionellen Leibwächtern in Kontakt kamen, wunderdeten sich oft, dass es nicht die Hollywood Muskelpakete waren, sondern es sich meistens um smarte, fitte und selbstbewusste Personen handelte. Die meisten von ihnen waren normale Männer und Frauen, die sich nach einer Party auch einmal danebenbenehmen konnten, aber wenn es um ihren Job ging, waren Sie einhundertprozentig.

Das Haus von Sharon Hutton unterschied sich nicht deutlich von den anderen teuren Immobilien in der Straße und dem gesamten Viertel, aber wer genauer hinsah, konnte die Kameras und Scheinwerfer, die überall installiert waren, deutlich erkennen. Das war nicht an jedem Haus üblich.

Coleman´s Audi parkte hinter dem letzten BMW und Gene direkt hinter ihm.

Coleman stieg aus und ging zielstrebig zur Haustüre, die sich, noch bevor er direkt davorstand, wie durch Zauberhand öffnete.

„Hey endlich sind Sie da.“, jubelte Meyers. „Coleman macht mal wieder die Traumjobs, während ich mir meinen Hintern platt sitzen muss.“, ergänzte mit lachender Stimme. Aber er ist nun einmal der Chef, dachte er bei sich.

„Lieber fünf Tage im Objekt als draußen Tontaube spielen, der Irak hat mir gereicht.“,
antwortete Bill mit ernster Stimme auf Mayers Kommentar über seinen platten Hintern.

Coleman betrat das Haus, während des Gehens prüfte routinemäßig den Sitz seiner Baretta 92, seine Lieblings Handfeuerwaffe für seinen Job.

Er besaß noch eine Sig Sauer P226 und andere Modelle, aber diese Waffe hatte es Ihm von Anfang an angetan.

Grundsätzlich war er kein Waffenfan, aber in seinem Job war es leider unerlässlich eine scharfe Waffe mit sich zuführen. Genauso wie Funktechnik, Unterziehweste, ein Messer, Handschellen und einen kleinen Teleskopschlagstock. Zudem führte er bei jedem Einsatz ein klassisches Smartphone und zur guter Letzt eine kleine starke LED Taschenlampe sowie ein Ersatzmagazin mit sich. Seine Fahrzeuge waren noch mit Einigem mehr an Feuerkraft- und Erste Hilfe Equipment für den Ernstfall ausgestattet, um im Ernstfall vorbereitet zu sein.

„Miss Hutton entschuldigen Sie die Störung. Ihr Spätkommando ist jetzt da.“
„Danke Mayers.“, antwortete Sharon, die noch an Ihrem PC arbeitete.

„Wir sind dann weg, viel Spaß heute Abend.“, sagte Mayers, während er sich wieder zur Zimmertüre zurückbewegte. „Danke sehr, das ist nett von Ihnen! Bis morgen, haben Sie einen schönen Abend.“, erwiderte Sharon.

Noch in Gedanken vertieft rief Sharon Meyers hinterher, der sich kurz vor der Zimmertüre noch einmal zu ihr umdrehte „ach Mayers, wer ist es denn heute Abend?“ wollte Sie neugierig wissen.

„Es ist Jack Coleman.“, antwortete Mayers knapp. „OK Mister Mayers und noch einmal vielen Dank.“

Im Sicherheitsbüro, was extra für diesen Auftrag bei Sharon

eingerichtet worden, war, begrüße Coleman Mayers freundlich aber mit dennoch ernster Miene. „Wie war es heute?“, fragte Coleman seinen Mitarbeiter. „Es war alles ruhig, keine neuen Fahrzeuge in der Straße oder Personen, die uns verdächtig vorkamen.“, antwortete Mayers seinem Chef.

„Komisch.“, antworte Jack, der sich über sein Gesicht rieb, wobei seine Mimik nachdenklich gestimmt war.

„Ok.“, antwortete Coleman kurz, bevor er bereits mit der nächsten Frage um die Ecke kam. „Mayers habt Ihr noch Aktuelles für den Empfang heute bekommen?“

„Neue Ak´s zum. Beispiel?“, wollte Coleman wissen, womit er neue Akkreditierung meinte. „Nein Jack alles beim Alten.“, schoss Mayers Antwort zurück. „Gut, dann sind die Jungs vom Secret Service heute entspannt, dass macht es uns leichter.“ erwiderte Coleman dann viel entspannter als zuvor. „Fein Jungs haut ab und macht euch einen schönen Abend. Bis morgen, ich sende Dir ein Memo.“ Mayers schüttelte Coleman die Hand und verließ das Büro, wobei Jack ihm heraus folgte.

Jack verabschiedete Bill und Mayers noch mal an der Haustüre, während Megan das Haus betrat. Sie ging in das Sicherheitsbüro.

Die Sonne konnte sich nicht mehr wehren. Die Erde drehte sich unaufhaltsam der Nacht zu.

Jack schaltete das Licht im Flur ein, bevor er den Gang in Richtung Sharon´s Arbeitszimmer fortsetzte. An der Tür zum Zimmer angekommen, klopfe er.

Die Türe war aus massiven Holz und roch komischerweise immer noch danach, obwohl sie schon Jahre in dem Haus verbaut war. Türen mit Geruch, neue Geschäftsidee. So ein Blödsinn, grinste

Coleman in sich hinein.
Aus dem Zimmer kam ein „ja bitte.“ Die Stimme war kraftvoll aber dennoch weiblich und sinnlich, wodurch man das Gefühl bekommen konnte, ihren Gemütszustand erkennen zu können und somit einzuschätzen, wie es der Person zurzeit ging. Sein Eindruck in dem Moment gerade war, dass Sie glücklich und zufrieden wirkte. Dennoch hörte sich ihre Stimme manchmal gar nicht nach einer erwachsenen Frau an, wie Coleman fand, wovon man sich aber nicht täuschen lassen durfte.

Coleman betrat das Zimmer.

Sharon stand mit dem Rücken zu Coleman, in Ihrer rechen Hand hielt sie eine Tasse Kaffee. Sie war dem Kaffee genauso verfallen wie Coleman. Ihre langen blonden Haare mit Pony hatte sie zu einem lockeren klassischen Zopf, wie man Ihn aus den 90er Jahren kannte, zusammengebunden.

Coleman ging auf Sie zu. Das Arbeitszimmer war sehr geschmackvoll eingerichtet. In einigen Ecken türmten sich Akten. Die Vorhänge waren zugezogen, was nutzen Kameras und Scheinwerfer, wenn eine Kugel Kaliber 7,65 mm die Scheibe durchschlug, dachte er. Es war nicht abzusehen, ob der Auftrag Sie zu schützen länger dauerte, daher waren noch keine Kugelsicheren Schreiben verbaut worden. Denn grade in einem Arbeitszimmer war man leichte Beute für einen Schützen. Er konnte Sie beim Lesen oder Schreiben einer E-Mail in Ruhe vom gegenüberstehenden Gebäude mit einer Fingerübung von hinten geräuschlos auslöschen. Coleman hatte Scharfschützen erlebt, für die das eine leichte Aufgabe gewesen wäre.

Die Entfernung zum gegenüberliegenden Objekt war nicht einmal dreihundert Meter, selbst mit einem guten M4A1 mit Zieloptik oder HK 416 wäre das leicht möglich.

Es war zwar eine Kamera auf die Gebäude gegenüber ausgerichtet, dennoch konnte man nicht sicher sein, dass es nicht einer oder mehrere dumme Nazirocker waren, denen Sie journalistisch auf die Füße getreten war. Die machten diese Bedrohungslage zwar eigentlich nicht aus, aber man konnte sie auch nicht ausschließen. Obwohl man in Deutschland Nazis so etwas nicht zutrauen würde, wusste er, dass die NSU gruppentechnisch gut aufgestellt waren. Hätten Sie mehr Übung im Umgang mit ihren Waffen, wer weiß was passiert wäre. Hier in den USA war es für niemanden ungewöhnlich, wenn Leute mit groß Kaliberwaffen oder Scharfschützen Gewehren herumschossen, dafür gab es hier keinen Grund die Cops zu rufen. Aber trotzdem von "RECHTS" war es nicht zu erwarten. Zu diesem Entschluss kam der US Secret Service, wie auch wir durch unsere Ermittlungen und Erfahrungen.

Desweitern war es in der Nacht noch leichter, weil die Bilder unscharf durch Nachtsicht und Lichtbewegungen waren. Bei den Bedingungen schnell etwas zu erkennen und zu reagieren lag bei fünfzig zu fünfzig, daher wurde dem Hauspersonal die Anweisung gegeben, nicht desorientiert herum zu putzen und immer zu überprüfen, dass die Vorhänge zugezogen waren. Vorher durften Sie den Raum nicht betreten, worauf auch das Sicherheitsteam eingeschworen war. Das Hauspersonal hatte zum Glück Erfahrungen durch bereits durchgeführte Jobs bei anderen Menschen in D.C., die ebenfalls mit Personenschutz zu tun hatten.

Sharon drehte sich um und lächelte Jack sehr offen an. Sie hatte sich für den Abend bereits umgezogen und ging Jack entgegen. „Jack schön dich zu sehen. Mayers hat mir schon gesagt das Du mich heute begleitest.“

Jack drückte Ihre Hand, wobei ihm ihr Parfum in die Nase stieg, was wie ´Sommernacht´ roch, wenn man mit dem Cabrio offen durch die Nacht fuhr und plötzlich blühende Blumen vom Straßenrand während der Fahrt wahrnahm.

Sie trug einen schwarzen Hosenanzug im klassischen Schnitt kombiniert mit einer weißen Bluse mit dazu passenden zwölf Zentimeter hohen, schwarzen High Heels. Dieser Hosenanzug war wie für Sie gemacht, da er Ihren tollen Körper darunter abbildete. Er umschmeichelte Ihre Figur. Zudem hatte sie rot lackierte Fingernägel, jedoch nur ein leichtes Augen Make-Up, mit dem sie Ihre Augen betont hatte, die dadurch wunderbar hervorstachen, denn Sie waren so blau das man denken konnte, man schaue in eine Lagune im Pazifischen Meer. Mit Ihren roten Lippen würde sie auf der Veranstaltung mit Sicherheit auffallen, dachte sich Jack.

„Jack, wenn Du mir zehn Minuten gibst, bin ich fertig." Es hörte sich fast wie bei einem Ehepaar an, wie sie mit ihm sprach, aber Sharon wusste, dass auch das Team sich vorbereiten musste.
Coleman erwiderte ihre Bitte mit einem Nicken und fügte hinzu, „wir haben Zeit Sharon."

Coleman nutze sein Tarn Set und funkte Andre an. „Hast Du die Nummer von den Jungs vor Ort? Wir sind in zirka zehn Minuten bereit. Bitte prüfe das jetzt noch einmal, die wechseln gerade die Teams, wie ich meine Unterwäsche."

Das Funkgerät rauschte erneut „Jack ist in Arbeit, ohne die Kontaktnummern wäre ich nicht zum Einsatz gefahren. War mal wieder richtig Arbeit, aber wir sind ja nur die Privaten.", mummelte Andre über das Funkgerät. Coleman nutze die Sprechtaste seines Tarn Sets zwei Mal, womit er Andre seine Ansage mit einem „OK.", ohne noch etwas hinzuzufügen, quittierte.

„Jack für Gene.", knackte es erneut auf Jacks rechtem Ohr ein.

„Unsere Nachtwache mit Spicke an der Leine ist da Gene Ende." Wiedermals drücke Jack zur Bestätigung die Taste zwei Mal.

Megan öffnete der Nachtwache die Türe. „Halten sie Ihn schön kurz, sonst habe ich Ihn auf dem Schoss und ich sehe aus wie!“ Megan verkniff sich das böse Wort, woraufhin die Beiden im Sicherheitsbüro verschwanden, um die Protokolle auszufüllten.

Coleman stand im Türrahmen und beobachtete seine Omega Seemaster und realisierte, wie die Sekunden unaufhaltsam weiter Tickten. Jetzt eine Zigarette und einen Kaffee, dümpelten Ihm die Gedanken durch den Kopf. OK Kaffee, die Kippe bleibt weg, genehmigte er sich gedanklich. Coleman bewegte sich in das Büro und drückte sich auf dem Kaffeeautomaten einen doppelten Espresso. Der Duft des Espresso entfaltete sich im Büro.

Spicke, der Dobermann von der Nachwachte schnupperte wohl auch gerne den Duft von frischem Kaffee. Jedenfalls sah es so aus, oder man interpretierte in sein Schnüffeln zu viel hinein.
Die Nachtwachte ließ den Kugelschreiber auf die Mappe fallen. „Chef, Jack
hat sich die Lage bei Ihr schon etwas verändert?“ Mit ernstem Gesicht erwiderte Jack Coleman „Nein bei Ihr nicht ", er atmete tief durch und widerholte „Bei Ihr nicht.“

„Der Fall Skill wurde heute abgeschlossen. Wir konnten die Täter überführen, das heißt Du und Spike müssen nachts nun nicht mehr dort aufpassen. Aber die Projektleitung wird euch detailliert darüber Infomieren.“ „Meine Frau wird es freuen. Danke schon mal für die Infos, Chef.“

Kapitel 3

„Hey Jack wie versprochen, ich bin fertig!“, sagt Sharon, während sie in das Sicherheitsbüro kam.

„Sharon darf ich Dir in den Mantel helfen?“ „Das ist sehr nett Megan, aber das schaffe ich gerade noch selber.“, gab sie lächelnd zurück.

Coleman drehte sich zu Sharon, wobei sein rechter Arm zum Mund schnellte und er rief „Dreamliner fertig machen.“ Er machte nichts anderes, als das Team sofort darüber zu informieren, dass Sie jetzt das Haus verlassen würden.

Das bedeutete, dass Andre und Gene die Fahrzeuge starteten und zum gefühlten tausendsten Mal die Umgebung mit Ihren Blicken absuchten. Die Navigationsgeräte färbten sich in den Nachtmodus, wobei die Scheinwerfer den jungen Abend hell erleuchteten. Dampf umhüllte die Autos, während die großen W12 Motoren der Audis warmliefen und aussahen wie Drachen, die kurz davor waren Feuer zu speien.

„Jack für Andre.“, kratze es in Jacks und Magens Ohren. „Sauber, Ihr könnt kommen.“ Coleman bestätigte wieder, was mit einem klickenden Ton des Funkgerätes beendet wurde.

„Sharon wir können los.“, was Sharon wortlos mit einem Nicken annahm. Coleman wusste, dass Sie diesen Moment nicht mochte. Sie beschrieb es ihn einmal mit den Worten „man weiß nie, ob man bis zum Auto kommt, oder wie viele weitere Jahre man auf der Erde bleiben darf.“

Coleman antwortete den beiden Wartenden „eine Minute, dann kommen wir.“

Er hatte bereits viele Gespräche mit Ihr und anderen Schutzpersonen darüber geführt. Die die Angst in sich trugen, die Ohnmacht nichts zu ändern, die Hilflosigkeit dem Risiko ausgeliefert zu sein. So wenn man z.B. von einer Liebe verlassen wird und man nichts machen kann außer trauern. Nur weil Sie vielleicht mal etwas geschrieben oder in den Medien gesagt hatten, oder durch Film oder Fernsehen bekannt und vielleicht reich geworden waren und andere dir dadurch das Leben zur Hölle machen oder nehmen wollten.

Das blinde Vertrauen in die Frauen und Männer, die Sie begleiteten oder in der Nacht im und um das Haus liefen, die auch Menschen waren mit Sorgen, Ängsten und Problemen.

Aber Coleman musste bis jetzt nur einer Person in seinem Job die Hand beim Sterben halten, die Ihm viel näherstand, als je eine Schutzperson. Wovon er sich nicht einmal verabschieden konnte, was er bisher auch noch immer nicht verarbeitet hatte. Er konnte sogar das Gefühl in seiner Hand noch spüren.
An dem Punkt der Hilflosigkeit, wobei ihm bewusste wurde, nichts mehr machen zu können, egal was man auch hätte tun wollen dies war endgültig. Es ist ein absoluter Unterschied jemanden gehen zu lassen, der sein Leben gelebt hat, im Gegensatz dazu, eine geliebte Person zu verlieren, die ihr halbes Leben noch vor sich hatte. Schlimmer noch, wenn es dabei nur darum geht, Geld zu sparen, Geiz und Ignoranz anderen Menschen gegenüber, die denken sich alles erlauben zu können. Den einer zahlt immer meist die Falschen.

Aus diesem Grund musste Jack Coleman´s Liebe seines Lebens in einem Einsatz sterben.

Es war nicht irgendeins der vielen Staatsgebäude in D.C. es war das United States Supreme Court Building, das höchste Gericht der USA.

Das Gebäude war sowieso schon immer gut geschützt, aber nun

kreiste ein Helikopter vom Typ MH-60 Blackhawk der für ein Spezialteam von US Secret Service ausgestattet wurde mit Störgerät, M-130-Chaff/Flare-Dispenser, Laserzielgerät und sowie Luftbetankungssonde und noch viel mehr Ausstattung, über das Gebäude.

Die Straßen zum Gericht waren durch zwei Straßensperren gesichert, die nacheinander aufgestellt waren. Um die erste Straßensperre die zum Gericht führte, passieren zu können, musste die Richtige Plakette auf der Windschutzscheibe vorhanden sein. Ansonsten wurde man sofort weiter durchgewinkt und durfte erst gar nicht dort stehen bleiben. Alle anderen wurden in einen Bereich geleitet, wo es hieß zu warten und keiner mehr an die Fahrzeuge herankam.

Wenn jedoch die notwendige Plakette in der Windschutzscheibe vorahnden war, wurden sie mit einem Lasergerät gescannt. Um die PKWs herum liefen Hundeführer mit Ihren vierbeinigen Kollegen, die die Wagen absuchten. Die Kontrollpunkte sahen aus der Luft von weit oben wahrscheinlich wie OpenAir Discos aus. Überall standen Polizeifahrzeuge mit Ihren blauen und roten Lichtern. Die wartenden PKWs standen in einem Lichtkegel, der von oben und von vorne kam, damit der Fahrer nicht wusste wo er hinfahren sollte beziehungsweise, was ihn erwartete, wenn er etwas Dummes vorhatte. Die Polizisten kontrollierten Papiere und die Anzahl der Personen in den PKWs.

Im Hintergrund hielten sich die Beamten auf, die schwarz gekleidet waren und die Personen in ihren PKWs genauestens beobachteten, mit nicht nur einer Glock 22 im Holster.

Kapitel 4

Jack öffnete die Haustüre und ging zügig in Richtung Andre´s Audi, direkt hinter ihm folgte ihm Sharon und dahinter versetzt lief Megan. Coleman öffnete gekonnt die schwere Tür des Boliden.

Sharon verschwand in dem Wagen, als wäre Sie nie da gewesen. Coleman schloss die Türe mit einem prüfenden Blick, damit sich nichts zwischen der Türe und Karosse, einklemmen konnte, während Megan ihren Weg zu Gene´s Audi fortsetzte.

Als auch Coleman seinen Platz vorne rechts eingenommen hatte, bewegten sich die beiden Audis sofort wie eine Panzerkette von der Stelle, wobei Coleman noch nicht einmal die Türe ganz verschlossen hatte. Andre drehe im Fond die Musik etwas lauter, wo gerade ´Nine Million Bicycles´ von Katie Melua, lief. Sharon mochte den Song, was er daran erkannte, dass sie immer leise mitsang.

Zum Glück wollte Sie nicht so gerne auf Live Konzerte, dass wäre mit Sicherheit mal wieder der Pure Stress. Coleman erinnerte sich an Pop und Rockstars, die er bei so etwas geschützt hatte. Dabei war es immer extrem wichtig, dass die Hallen Security die Sicherheitsmaßnahmen genauso ernst nahmen, wie der begleitende Personenschutz für Ihre Schutzperson.

Andre fing an Sharon zu instruieren, wann wir zirka ankommen und wo und in welchen Räumen, was zu erwarten war. Es machte Ihm sichtlich Spaß auf den letzten Metern noch ein paar Infos aus dem Hut zu zaubern.

Währenddessen bewegten sich die beiden Audis mit schnellen Spurwechseln, durch den Verkehr von Washington. D.C., was für ein zügiges Vorrankommen unerlässlich war, da ein langsames oder stehendes Ziel unter Feuer zu nehmen war.

„Jack, was ich immer wissen wollte. Du bist immer vorbereitet richtig, oder wie machst du das in deinem Kopf, wenn es in einen Einsatz geht?“, überspiele Sharons Frage die Musik im Wagen inneren. Coleman nickte ohne etwas zu sagen, aber nach einem Moment des Zögerns, antwortete er. „Nein leider nicht. Ich bin, wie alle anderen auch nur ein Mensch, dennoch versuchen wir alles was in unserer Macht steht und das Gelernte, beziehungsweise die Erfahrungen, abzurufen. Aber wir nehmen uns das entgegengebrachte Vertrauen sehr zu Herzen und so bereite ich mich vor. Jedoch glaube ich, dass jeder sein eigenes Programm im Kopf abspult.“, antwortete Jack. Das weiß ich, wie du weißt zu schätzen. Und nicht nur ich, wie du weißt, auch mein Vater.“ „Danke sehr Sharon, aber ich bedanke mich im Namen des Teams. Ich bin es nicht alleine. Andre lächelte Sharon nach Coleman´s Aussagen durch den Innenspiegel an.

Die Gedanken aller in Coleman´s Audi Anwesenden, waren wurden durch das Klingeln von Sharons Handy unterbrochen. „Oh es ist Mary.“, entschuldigte sich Sharon. „Eine meiner wenigen Freundinnen, die mir noch geblieben ist.“, lachte sie. „denn meine Bewegungsfreiheit ist ja nun etwas eingeschränkt“
Mary war eine Anwältin und gute Freundin von Sharon.
Während sie mit ihr sprach, nutzte Coleman die Zeit, um selber zu telefonieren und
wählte die Nummer seiner Sicherheitsfirma, den Platz von Jenny an.

Jenny war Jacks Coleman´s Chefsekretärin.

Nach dem zweiten Klingeln in seiner Hörmuschel, nahm Jenny ab. „Guten Abend Jenny, Jack hier!“ „Hallo Jack, also wir haben nichts Neues vom Verkehr. Die übliche Rushhour, aber Ihr werdet wohl in der Nähe des Lincoln Park North Carolina Avenue mit mehr Verkehr rechnen müssen.“ „OK Jenny sonst noch etwas?“ „Ja Jack, wir haben eine neue Anfrage über einen Personenschutzauftrag eines Kindes erhalten.“

Coleman atmete tief durch und fragte „wo, wann und wer?“ „Ich lege es Dir auf deinen Tisch, es ist noch Zeit bis dahin. Sie ist dreizehn Jahre alt und heißt Victoria Mills.“ „Die junge Hollywood Schauspielerin?“ „Ja genau die.“, erwiderte Jenny.
Oh man, dachte sich Coleman. Junge Sternchen hören nicht und denken alle lieben sie. Zudem redeten deren Manager einem ständig rein, wobei sie keine Ahnung hatten. „Gut, leg es mir auf den Tisch Jenny. Ich wünsche Dir einen schönen Abend.“ „Bye Jack, bis Morgen.“ Dann war die Verbindung wieder weg.

Während sich die Beiden voneinander verabschiedeten, erhellte Megan´s Stimme über die Intercom das Wageninnere.

„Dream Liner eins an Dream Liner zwei.“, tönte es durch den speziellen Lautsprecher im Audi.

Andre nahm das Gespräch an „zwei kommen!“, erwiderte Andre und lies die Sprechtaste wieder los. „Ich würde jetzt die Straßenkontrolle von Andre´s Nummer anrufen, damit Sie im Bilde sind. Ankunft ist in maximal vier Minuten.“, kam es wieder durch den Lausprecher. Coleman richtete den Blick auf den Monitor des Navigationsgeräts und machte nur eine Handbewegung mit Daumen nach oben. Somit ersparte er es sich zwischen dem Funken und dem Telefonat, was Sharon immer noch führte, etwas zu sagen.

„O.K. zwei und Ende.“, sendete Andre kurz zurück.

Mittlerweile legte sich die Nacht über Washington D.C., obwohl es noch gar nicht so spät war. Ein weiterer Wagen, eine große, schwarze, gepanzerte Limousine des Typs Cadillac DTS, stand noch nicht einmal zwei Sekunden, bis die Türen von zwei Beamten in schwarzen Anzügen, rechts und links geöffnet wurden.

In dem Moment sollte man nicht auf das Fahrzeug zugehen, oder direkt auf den Präsidenten oder die First Lady, ohne dass es ein

Secret Service Beamter wusste.
Der U.S. Präsident und seine First Lady stiegen aus und gingen in Richtung des Einganges des US Gerichtsgebäudes. Die Marines an der Türe salutierten, gefolgt von vielen Beamten in schwarzen Anzügen sowie einer großen Entourage von U.S. Regierungsvertretern. Der Verteidigungsminister begrüßte die First Lady mit einem sehr freundlichen Lächeln, bevor er den Präsidenten begrüßte „Guten Abend Daniel, wie war die Chinareise?"
„Sehr chinesisch.", gab Präsident Daniel Jackson lachend zurück. „Alles Weitere besprechen wir morgen um neun Uhr in meinem Büro. Lassen wir das Geschäft jetzt mal ruhen und feiern etwas. Dafür sind wir ja schließlich hier." „Sir eine Frage habe ich noch. Wir konnten unser Thema letztens nicht beenden. Du weißt wovon ich spreche." Der Präsident legte seine rechte Hand auf Bobbys Schulter. „Das machen wir morgen nach unserem neun Uhr Termin, unter vielen Augen, womit ich auch hoffe, dass es dann das Letze Mal besprochen wird!", antwortete der US Präsident seinem Verteidigungsminister Bobby Ritter scharf.

„Das Thema ist doch in guten Händen, meinst Du nicht Bobby? Ich will noch weitere vier Jahre Präsident bleiben Bobby! Denn ich glaube fest daran, dass auch Du deinen Posten behalten möchtest!"

Nachdem der U.S. Präsident und der Verteidigungsminister ihr Gespräch beendet hatten, setzten die First Lady und der U.S Präsident den Weg weiter in das Gebäude fort.

Während die hohe Prominenz bereits ins Gebäude verschwindet, mussten sich die beiden Audis die letzten Kilometer bis zum Ziel durcharbeiteten. Plötzlich raste ein Motorrad von rechts an den Wagen, indem Sharon saß, heran. Das Licht des Motoradscheinwerfers reflektierte in dem rechten Spiegel der sich dunkler abblendete. Dennoch schoss das Licht Coleman beinahe so stark, wie ein Laserstrahl, in die Augen.

Andere zog den Wagen soweit es ging nach links und war kurz davor in den Gegenverkehr zu geraten. Gene schloss währenddessen mit seinem zweiten Audi auf, um sich hinter das unbekannte Motorrad zu klemmen.

Ein Fahrer, schwere Lederkleidung, schwarzer Helm auf einer S 1000 RR BMW. Megan notierte sofort diese Infos und das Kennzeichen auf Ihrem Beinklemmbrett. „Gegen die Rakete sehen wir alt aus, die hat zu viel Power.“, ruft Gene Megan zu. „Das Stimmt wohl, aber wir wiegen vier Tonnen und darunter zu liegen ist ziemlich unangenehm.“ erwiderte Megan.

„Uns passiert nichts.“, spricht Coleman mit ruhiger Stimme auf Sharon ein, die ihr Handy hochhielt und erschrocken im Fond nach vorne rutschte. Gene von der Lichthupe gebraucht und zog dicht an den Hinterreifen der RR BMW heran. Der unbekannte Biker sah durch den Rückspielgel mit einem Blick nach links, wie Gene´s Audi auf Ihn zusteuerte. Parallel zog Andre seinen W12 weiter von der Fahrbahnmitte nach rechts. Die dadurch entstandene Zange ließ dem Biker nur eine Möglichkeit, was die Flucht nach vorne war. Der Biker drehte mit seiner rechten Hand das Gas durch, wobei die entstandene Fischluft im Verbrennungsraum die Maschine mit einem Satz aufheulen ließ und dabei nach vorne weg beschleunigte. „So ein Idiot.“ sprach Andere in den innen Rücksiegel und versuchte dabei den Blick zu Sharon aufzubauen.

„Wo kam der denn her?“, frage Andre Coleman mit faltiger, sorgenvoller Stirn. „Sharon alles OK bei Dir?“ Sharon, die immer noch Ihr Handy vom Ohr weghielt, entgegnete „Ja, ja Jack, ich habe mich nur erschrocken. Toll gemacht Andre.“

„Mary also so ein dummer Typ hat uns grade echt übel geschnitten und das mit einem Motorrad.“, setzte Sharon somit Ihr Telefonat fort.

Während die beiden Wagen Ihrem Ziel näher kamen, gingen Jack

Coleman Gedanken aus der Vergangenheit durch den Kopf, die ihn wütend und traurig zugleich machten. Am liebsten hätte er diese Gedanken ein für alle Mal aus seinen Erinnerungen gelöscht, aber das konnte wohl nur die Zeit, wenn überhaupt.

Die Kolonne erreichte den ersten Checkpoint, dabei wurde die Nacht fast Taghell erleuchtet. „Jetzt sind wir dran.“, sagt Andre, ohne jemanden direkt anzusprechen.

Andre öffnete das Fenster an seinem Audi und sagte „Guten Abend Officer, zwei Personen plus Schutzperson. Wir sind bewaffnet. Coleman Security Service Office Washington, wir sind angemeldet bei Agent Jester vom U.S. Secret Service, der auch vor Ort ist. Hier sind unsere Papiere.“

Der Polizist prüfte die Dokumente sorgfältig, während der Vierbeiner mit dem obligatorischen K9 Leibchen um den Audi läuft. „Alles sauber.“, signalisiert der Hundeführer dem Kontrollbeamten. „Das ist korrekt erwiderte der kräftige Polizist und signalisierte seinem Kollegen, dass er die Sperre zur Seite nehmen konnte. Andre ließ den Audi im Standgas vorrollen, nachdem das Licht von vorne nach unten wegging und sich die Sperre wegzog.

Dieser Ablauf wiederholte sich bei Megan und Gene´s Fahrzeug erneut. Als auch deren Fahrzeug durch die Sperre fahren durfte, gaben sie ein kurzes Zeichen per Lichthupe.

Während die beiden Audis langsam weiterfuhren, kam der nächste schwarze Black Hawk an Ihnen vorbeigeflogen, als wäre er eine Marionette. „Ich habe gehört, dass Sie jetzt sogar in der Luft radioaktive und chemische Stoffe suchen.“ „Man oh man, der Präsident ist nicht so beliebt.“, wirft Coleman ein, als die beiden Audis wieder fahrt aufnahmen.

Überall, selbst hier waren noch Posten. Wohin soll das mit der

Sicherheit noch führen, denkt sich Coleman, als er sein Umfeld beobachtete.

Die Straße erhellte sich wieder beinahe Taghell durch speziellen Scheinwerfer, die für die Kontrollen aufgestellt wurden. Das Gericht war jetzt auch schon deutlich zu sehen, was einen festlichen Anstrich durch Lampen und geschmückte Aufhänger erhalten hatte. Der zweite Checkpoint nahte. Dieses Mal vom U.S. Secret Service mit drei Fahrzeugen, Agenten mit Taschenlampen und einem Hund. Daneben stand ein GMC Truck mit offener Heckschreibe, worin deutlich eine Minigun XM 134 7,62 MM zu sehen war. Gene dachte sich beim Vorbeifahren, dass der Schütze keinen Fehler machen durfte. Er kannte die XM 134 und seine Wirkung, welche verheerend war. Die beiden A8 wurden wieder mit Leuchtsignalen der Beamten gestoppt.
Ein US Agent prüfte die Papiere kurz, wobei er einen kurzen Blick in die beiden Audi´s warf, bevor er beide Limousinen durchwank.

„Megan so liebe ich das." „Das klappt aber auch nur, weil Jack einen so guten Namen in der Branche hat und das Vertrauen des U.S. Secret Service genießt. Zudem hat er immer sehr gute Schutzpersonen." „So ist es Megan.", erwiderte Gene. „Deshalb arbeite ich auch so gerne für Jack."

Gene schnallte sich ab. „Der Gurt macht mich immer ganz fertig, damit komme ich mir immer vor, wie eine Wurst in der Pelle.", witzelte Gene. „Ich glaube eher, Du solltest mal weniger an den Hantelgewichten vorbei gehen.", gab Megan zurück. „von wegen der Gurt."

„Dort drüben ist es. Dort vorfahren!", gab Coleman Andre mit einem Handzeichen zu verstehen und verlieh seiner Aussage Nachdruck. Die beiden A8 stoppten vor dem Eingang.

„Sharon wir sind da.", sprach Coleman in den Raum des Fahrzeuges dabei drückte er mit seiner rechten Hand den Knopf für die Entsperrung der Türen und verließ den Audi. Megan ging von hinten auf Sharon´s Audi zu. „Das sieht ja toll aus, ich hoffe das wird innen genauso wie außen." „Sharon wie meinst Du das?" „Ganz einfach, bei den ganzen Politikern und Unwahrheiten, kann man schon mal an den Lügen erstickten." Gene verzog das Gesicht und witzelte Megan zu „also fahren wir doch noch zu meinem Steakhaus?" witzelte er.

Kurz bevor die Gruppe den Eingang erreichte, kam Ihnen ein U.S. Agent entgegen und schüttelte Sharon Hutton die Hand. „Agent Jester." „Guten Abend Miss Hutton, ich hoffe es hat alles geklappt und Sie hatten eine gute Anreise?" „Ja vielen Dank Mister Jester, es hat alles geklappt.", erwiderte Sharon dankend. „Gut, dann bin ich zufrieden." Guten Abend in die Runde, begrüßte er den Rest des Teams, wonach er persönlich zu Jack hinüber ging und ihn freundschaftlich per Handschlag begrüßte. „Wie geht es Dir mein lieber Jack?" „Danke gut.", erwiderte Jack.

Der Agent gab den Kontrollagenten ein Zeichen, dass Sie die Kontrolle bei der Gruppe lassen konnten, wobei der Eingang in zwei Bereiche geteilt war. Der eine beinhaltete Metalldetektoren, der andere war ohne. „Danke für die gute Zusammenarbeit mein Freund." Agent Jester ging nun gemeinsam mit Jack ein paar Schritte vor, während die anderen vom Team und Sharon den beiden folgten, bis sie ein paar Minuten später alle vor dem großen Festsaal standen.

„Das nenne ich mal viele Tische und Kerzen.", witzelte Megan.
„Sharon komm, ich bringe Dich zu deinem Tisch." „Danke Jack."
„Sharon, wir stehen immer in deiner Nähe. Bitte nutze die vereinbarten Zeichen, falls etwas sein sollte." Jack zog Sharon ganz Gentlemanlike den Stuhl vor. „Natürlich, wie könnte ich das vergessen.", erwiderte Sharon

„Viel Spaß Sharon." Coleman ging auf direkten Wege wieder zu seinem Team zurück. „Aufteilung wie immer. Andre bleib hinter Ihr an der Wand. Ich gehe mal zu Jester.“

Die drei nickten Jack Coleman zu. „Jester lässt Dir ausrichten, wenn du kannst sollst Du Ihn kurz anrufen.“ „Danke Gene.“, erwiderte Coleman.

In einem Flur der so breit und hoch war, wie ein Einfamilienhaus standen einige Kellnerinnen herum und Männer vom U.S. Secret Service, die das Ganze mit geübten Blicken überwachten. Coleman griff in sein Jackett und nahm sein Smartphone heraus, was er mit geübten Bewegungen betätigte und damit eine Telefonverbindung zu Agent Jester herstellte.

„Ja Jack wo bist Du?“ „Quergang zum Festsaal!“ „Ok, ich bin in einer Minute bei

Kapitel 5

Die Lautsprecher stoppten die leichte Unterhaltungsmusik, die zuvor aus den Boxen kam. Mittlerweile hatten so ziemlich alle Personen im Saal Platz genommen.

„Ladies and Gentleman der Präsident der Vereinigten Staaten von Amerika, Daniel Jackson.“, klang es durch die Lautsprecher in dem Saal.

Der Präsident wurde durch lautstarkes Klatschen von seinen Gästen begrüßt, während er die Bühne betrat. Daniel Jackson wank seinen Parteifreunden und Freunden zu, wobei er sich am Rednerpult positionierte.

Der U.S. Präsident stellte sich mit selbstbewusster Pose an das Pult und begann seine Rede. „Danke liebe Freunde und Mitbürger, es ist schön euch alle hier in diesem gedenkwürdigen Gebäude der USA heute Abend versammelt zu sehen. Ich freue mich mit meiner wunderbaren Frau hier bei Ihnen sein zu dürfen.“

„Wir haben viele Aufgaben, die vor uns liegen und die meine Landsleute hoffentlich in unserer Zeit lösen können, um Amerika zu einem noch schöneren Platz auf der Erde zu machen. Es gibt viele Menschen, die die Rüstungsindustrie für skrupellos und menschenfeindlich halten und behaupten, dass die Europäer oft über uns schimpfen. Jedoch sage ich nein, denn Sie schützen uns und dass nicht zuletzt mit Ihren innovativen Ideen, um dieses tolle Land und seine wunderbaren Bürger zu schützen.“

Die Menschen im Saal applaudierten.

„Danke euch meine Freunde.“ Der Präsident wank ab und führte seine Rede fort „Leider sind wir nicht alleine auf diesem wunderbaren Planeten, denn die vielen skrupellosen Terroristen oder Diktatoren trachten nach dem Chaos in unserem schönen Land. Sie wissen, ich möchte jetzt nicht alles aufzählen, aber Sie verstehen sicher was ich meine lieben Freunde. Einige von Ihnen haben wir bereits dingfest gemacht, jedoch sind Einige noch auf freiem Fuß aber auch Sie…"

I m Flur ging Agent Jester auf Jack Coleman zu. „Jack es ist schön Dich bei uns zu haben und man, Du bist ein echter Glückspilz, Sharon ist wirklich eine sehr hübsche Frau, aber wie laufen die Ermittlungen und die Geschäfte?"
„Oh Danke Jester. Mmmh, beides gut danke der Nachfrage. Trotzdem weiß ich immer noch nicht, wo der oder die Täter bei Sharon herkommen. Es ist so als wären sie unsichtbar, aber woher bekommen Sie diese Technik und Ihr Geld dafür? Ich weiß nicht, wo wir anfangen sollen. Alles was wir haben, endet in einer Sackgasse."

Jack legte seine Stirn in Falten und eine Gedankenpause ein. „Hör mal Jack, es hat doch grade erst mit dem Personenschutz bei Ihr angefangen. Vor vier Wochen oder? Also beschwere dich nicht. Sie ist eine sehr hübsche und charmante Journalistin, die mal als Model gearbeitet hat und Ihr Vater ist wohl auch nicht zu verachten, aus dem amerikanischen Finanzhochadel. Wie Du weißt, hast Du es für einen Privaten Sicherheitsdienst wirklich weit gebracht. Daran dürfen nur wenige riechen, hier sogar bei einer Party mit unserem Präsidenten und dem Verteidigungsminister, um nur zwei zu nennen.

„Ja danke Dir. Du hast ja Recht, aber wir schützen Sie nicht der Schönheit wegen.", erwiderte Jack
„Mein Team und ich haben immer wieder alle Spuren geprüft, doch wir kommen zu keinem Ergebnis. Selbst Ihr, der große US Secret Service habt nichts! Gut, Sie hat in der Vergangenheit ein paar brisante Berichte veröffentlich, womit sie ein paar Kerlen ganz schön auf die Füße getreten ist, aber ich finde nichts. Sie steckt Ihre Nase halt überall rein.", blickte Jack den Agenten mit gemischten Gefühlen

an.

Da wo es ungerecht zuging oder nach Verrat und Betrug roch, steckte Sharon Ihre Nase hinein.

„Jack, sie arbeitet an einer Sache, über die einige Herren, die hier sitzen nicht erfreut sind und das ist nur milde ausgedrückt!“, erwiderte Jester mit gesenkter Stimme.

„Ja das hat Sie mir auch erzählt, aber Sie wird wohl nicht die gesamte Rüstungsindustrie der USA herunterziehen? Ihrem Vater gehören immerhin die Steel Fire Industries, einer der Markführer der Waffenlobby weltweit.“ Jack hob den Kopf nach oben an die hohe Decke, als ob er auf eine Eingebung von oben wartete.

„Einer oder mehrere Verrückte sind natürlich auch möglich, aber das waren Profis wie Du weißt Jester.“

„Sie zu entführen wäre doch viel reizvoller, da sind doch viele grüne Scheine drin.“ „Ok, dann haben Sie das FBI am Arsch, aber der Anschlag mit einer kleinen Paketbombe, die den armen Paketboten vor der Türe zerreißt, ist eher dumm. Das musst Du auch zu geben Jack.“

„Aber Jester überleg mal, vielleicht war es nur ein Fehler bei der Bombe.“

„Die Möglichkeit kann man in Betracht ziehen aber Jack wir bleiben in Kontakt, ich muss noch dringend etwas für die nächsten Tage mit Dir besprechen. Halte mich bitte auf dem Laufenden.“

„Jester, Du weißt doch, treib es nicht zu bunt.“ Gab Coleman zurück, bevor sich die beiden freundschaftlich voneinander verabschiedeten.

Im großen Saal beendete der Präsident nunmehr mit den Worten seine Rede „und deshalb möchte ich jetzt einen meiner engsten Freunde bitten, zu mir auf das Podium zu kommen! Sie kennen und schätzen Ihn. Bitte begrüßen Sie meinen Freund und Ihren Freund Frank Hutton."

Sharon Hutton war die Überraschung über die Aufforderung ins Gesicht geschrieben. Ihr war bis zu diesem Zeitpunkt nicht bekannt, dass Ihr Vater auch auf diesem Event als Gast geladen war.
Frank Hutton kam selbstsicher von der Seite zur Bühne hinauf und begrüßt den U.S. Präsidenten mit einer sehr herzlichen Umarmung. „Danke Mister Präsident."

Dominant stellte sich Frank Hutton an das Mirco. „Wie Einige von Ihnen wissen, bin ich kein großer Redner, dass konnten wir beiden schon in unserer Jugend feststellen, daher ist er auch der bessere Präsident. Desweitern hat unser Präsident bereits alles gesagt, dem möchte ich nichts hinzufügen."

„Zudem sehen mich hier alle so Hungrig an, ich denke da sollte das Essen nicht fehlen! Für Fragen bin ich am heutigen Abend gerne zu dem ein oder anderen Gespräch bereit."

Die Leute standen von Ihren Stühlen auf, wobei der Beifall auf die beiden am Podium stehenden Herren einprasselte. Frank Hutton verließ das Podium mit lächelnder Miene auf den direkten Weg zum Tisch seiner Tochter Sharon.

Sharon stand auf, als ihr Vater auf sie zutrat. Sie umarmten sich „Daddy, was für eine schöne Überraschung! Ich dachte, Du bist noch in Frankreich.", lächelte Sie Ihren Vater an.

„Ich bin früher losgeflogen. Meine Mitarbeiter müssen den Rest erledigen, nachdem ich die Franzosen schnell davon überzeugt hatte, dass wir das beste Produkt haben. Außerdem wollte dich auch gerne mal wiedersehen. Ich muss doch meine hübsche Tochter mal wieder live sehen und nicht immer nur auf CBS oder CNN. Ich kann dich bald nach einem Autogramm fragen, so oft wie Du im Fernsehen zu sehen bist."

„Ach Daddy.", erwiderte Sharon. „es ist eine so schöne Überraschung."

„Es war einfach, dich auf dieses Event zu bekommen, denn Du gehst ja gerne in die Höhle des Löwen. Politik und Macht haben dich immer schon fasziniert, nur eben anders.", erwiderte Frank Hutton.

„Ach Daddy, lass uns nicht über meine Arbeit sprechen."

„Ja Liebes Du hast Recht. Wo ist Jack Coleman?" Ich sehe nur sein Team, Ihn aber nicht persönlich. Tarnt er sich wieder so gut?" „Nein, er ist auch hier. Du kennst Ihn doch, er ist immer und überall.", lächelte Sharon ihren Vater an.

„Sollen wir Ihn suchen oder magst Du erst etwas essen Daddy?"

„Ach, ich denke er wird mir gleich in die Arme laufen Liebes. Er hat dich doch immer im Auge." Nachdem er das gesagt hatte, nahm Frank Hutton einen kräftigen Schluck Whisky aus seinem Glas.

Nachdem der U.S. Präsident eine Runde gedreht hatte und die üblichen politischen Gespräche geführt hatte, zog ihn ein Secret Service Agent diskret bei Seite. „Mister Präsident Ihre Frau möchte Sie kurz sprechen!" Das war das diskrete Zeichen der Agenten Ihn aus einem Gespräch zu lösen.

Entweder sagte er „entschuldigen Sie.", oder wenn es gerade sehr wichtig war, äußerte er sich zu dem Agenten „Sie sollte sich noch bitte fünfzehn Minuten gedulden."

In diesem Fall folge der Präsident seinen Agenten in Begleitung anderer Agenten die Ihn auf Schritt und Tritt begleiteten.

Der Präsident wurde in ein Büro geführt, wonach die die schweren Türen in den Rahmen fielen. Nachdem die Agenten das Büro verlassen hatten, begann der Präsident, ohne lange zu warten das Gespräch. „Frank wie lief der Deal mit den Franzosen?“ „Ach lassen wir das Drumherum. Ehrlich es reicht Frank, wir müssen etwas tun. Nein, Du musst etwas tun.“ Daniel erhob die Stimme, wobei man sehen konnte, dass der Präsident um Selbstkontrolle mit sich rang.

„Bobby Ritter nervt mich seit der heutigen Ankunft hier bereits schon seitdem wir über den Teppich hinein gegangen sind und meine Frau direkt daneben. Dafür habe ich das nicht mitgemacht!“

„Ich dachte du hast die Situation unter Kontrolle. Gut, wir verdienen alle daran sehr viel Geld, aber ich glaube Frank, ich muss dazu nichts mehr sagen. Wenn das rauskommt, kostet es uns Kopf und Kragen. Verdammt! Du weißt das wir dann alle…“, Der Präsident beendete seinen Dialog mit hoch rotem Kopf und leerte sein Whiskyglas mit einem Zug.

Frank Hutton nickt dem Präsidenten zu. „Frank, kläre es und nicht erst in zwei Wochen. Du weißt, dass es sehr schnell platzen kann, wenn Du das Leck nicht stopfst!“ „Daniel ich habe es im Griff. Ich habe es einem Team von der Firma gegeben. Dieser Kontakt kommt von Ritter.“, erwiderte Frank Hutton kurz aber selbstsicher. „Frank was mich so dran verärgert, wenn man es von Anfang an direkt richtig gemacht hätte, dann würden wir hier jetzt nicht darüber reden.“

Frank Hutton senkte seinen Kopf, während es an der Türe klopfte, die ein Secret Service Agent öffnete. „Entschuldigen Sie Mister Präsident. Euer Ehren, Richter Winnwood.“

Frank Hutton verließ, nur mit den Worten „Guten Abend Mister

Präsident.“, den Raum.

Sharon Hutton saß währenddessen an ihrem Tisch und sprach mit einem Vertreter der NY Times.

„Sharon ich weiß nicht, woran oder in was Sie grade verstrickt oder dran sind, aber es scheint sehr viel Dreck aufzuwühlen. Sie laufen plötzlich mit einer Privatarmee herum, weil man versucht hat Sie zu töten.
Ich weiß ja, dass Sie alles tun, um die Wahrheit an das Tageslicht zu bekommen, aber Sharon bitte, passen Sie auf sich auf. Ich glaube Sie haben die Dose der Pandora geöffnet. Sie wissen das wir Sie unterstützen wo wir nur können und wir werden alles veröffentlichen was Sie uns geben aber bitte passen Sie auf sich auf.“

„Und es scheint, als hätten Sie einen sehr starken Gegner, der nicht möchte, dass Sie weiterkommen. Kind ich hoffe es Lohnt sich.“ Graig legte dabei seine Hand besorgt auf Sharon´s Unterarm.

„Graig Danke, ich weiß Ihre Besorgnis sehr zu schätzen, dass ist lieb von Ihnen. Ich weiß um die Gefahr, deshalb habe ich auch die Leibwächter, die mir die Möglichkeit geben, mich frei zu bewegen und zu recherchieren, wie ich es muss und brauche. Ich benötige noch ein paar Puzzleteile, dann habe oder besser gesagt, hoffe und glaube ich die Hintermänner dieser abartigen Sache dingfest machen zu können. Dann passt der gesamte Bau zusammen, aber ich komme nicht dahinter, wie es aufgebaut ist.“

„Das was ich bisher herausgefunden habe, reicht bei weitem nicht, so leid es mir tut Graig. Damit würde ich nur einen Sturm im Wasserglas auslösen, mehr nicht. Aber die, die dahinterstecken alles zu verantworten, kommen ohne Gesichtsverlust davon. Das darf nicht sein, dafür klebt zu viel Blut und Dreck an Ihnen.“

„Um das Thema zu wechseln Graig, wie geht es Ihrem Freund?“

„Sobald wir uns Ringe zuwerfen, werden Sie es früh genug erfahren Sharon.“ „Danke Graig, lieb von Ihnen. Aber ich glaube es riecht schon danach.“ „Ach Sharon, Sie sind wie ein deutscher Schäferhund. Prost!“; forderte Graig Sharon mit seinem Glas in der Hand auf.

Am anderen Ende des Saals trat Jack durch die Türe. Die Atmosphäre war mittlerweile gelöst, wobei sich die typischen Gruppen der politischen Lager gebildet.
„Jack für Andre! Verständigungscheck!“ Im Ohr von Andre ertönte Jack klar und deutlich. So ging es dann reihum. Alle Posten melden sich bei Jack, um Ihre Positionen sowie ein OK zu bestätigen.

Sharon setze wiederholt Ihr Rotweinglas ab, während Graig prüfend auf sein Smartphone blickte und seine E-Mail durchging, die ihn selbst spät abends, nicht zur Ruhe kommen ließen.

Sharon´s Blick schweifte durch den Raum, bis sie plötzlich bei Jack hängen bleibt. Jack, hatte sie von seiner Position ständig im Blick, seitdem er wieder da war. Sharon knipste Ihre beiden blauen Augen zu, so als ob Sie einem attraktiven Mann in einer Bar sagen wollte, ja Du darfst gerne mit mir etwas trinken.

Es sind so viele interessante Menschen und Männer hier und ich muss einen bezahlen, der mich beobachtete. Selbst wenn ich Ihn Fragen würde etwas mit mir zu trinken, würde er vermutlich nein sagen, dachte Sharon bei sich. Das er mit aktuellen Aufträgen nicht ausgehen würde, hatte er schon ein paar Mal durchklingen lassen. Ist die Welt nicht verrückt und zynisch? Ging es Sharon durch den Kopf, während sie sich ein Stück ihres Fisches in dem Mund steckte.

Zurück auf den Straßen von Washington D.C., bewegte sich die Fahrzeugkolonne von Jack Coleman durch die Nacht zurück in Richtung Sharon´s Heimatadresse, nachdem die Party beendet war.

Wenn man mit solchen Fahrzeugen hier in D.C. an der roten Ampel stehen blieb und
Menschen oder andere Verkehrsteilnehmer in der Nähe beobachtete, konnte man feststellen, dass wir gar nicht mehr als etwas Besonderes wahrgenommen wurden, außer vielleicht von Touristen, die so etwas nur aus Filmen her kannten, dachte sich Jack. In Deutschland war das noch anders. Wenn man dort mit zwei solch dicken Audi A8 L W12 Security vorfährt, wird man noch eher als Kapitalist verspottet, oder als Idioten, Bodyguards und Schläger betitelt.

Selbst die Leibwächter von dem türkischen Präsidenten Erdogan, die Polizisten waren, hatten es leider negativ in die Presse geschafft. Das hat mit Recht und dem Schutz der Würde und Leben nichts mehr zu tun.

Dass wir nur unserem Job machten, genauso wie Bäcker oder der Mann der am Fließband stand, sahen die Menschen teilweise gar nicht.

Jetzt eine Zigarette, dachte sich Jack.

Aber so war die Welt, niemals Gerecht. Genauso mussten sich Soldaten immer mal wieder fühlen. Sie wurden auch oft missverstanden durch Ihre Liebe zum Vaterland.

Ich sollte mal wieder ausgehen, eine Tour durch ein paar Bar´s. Du fehlst mir so unendlich, deine Berührungen. Ich sollte…, ach später beendete Jack seine Gedanken.

Jack griff in sein Jackett, woraus er sein Smartphone zog. Er verfasste eine SMS an Sara. ′Hey, ich habe dich viel zu lange nicht mehr gesprochen, würde dich gerne morgen anrufen Jack. ′

Es war sehr leise in Jack´s Audi. Der Motor des schweren Wagens arbeitete vor sich hin, während die Reifen den Asphalt bei jeder

Drehung traten, wobei sich die Musik hin und wieder mit dem Funk mischte. „So, die Nachwache weiß Bescheid, dass wir im Anflug sind.", gab Andre von sich, ohne eine Antwort zu erwarten. Doch Jack schaute Ihn von der Seite an und antwortete „gut, danke."

Sharon saß schweigend im Fond, als Sie den Kopf hob und Andre zurief „kannst Du das lauter machen?" Andre betätigte den Butten auf dem Lenkrad, was den Audi lautstark mit ′Try′ von Pink durchflutete.

Als das Musikstück sich dem Ende näherte und leiser wurde, hörte man Sharon noch mit Summen. „Jack darf ich dich etwas fragen?", klang es aus lieblich aus dem Fond.

Jack dreht sich zu Ihr um, was er nicht gerne tat, da ihm dadurch immer das Equipment in die Rippen drückte trotz der Ballistischen Weste. „Aber natürlich darfst Du das, ich hoffe ich kann sie Dir auch beantworten."

„Sind Pop- oder Rockstars einfacher zu schützen, oder wo liegt der Unterschied? Was macht es anders?" Jack antwortete ihr prompt „Sharon Du musst wissen, jede Schutzperson ist anders, jede Bedrohung ist anders zu werten. Bei Dir sind es leider nicht die Fans und Stalker oder böse Briefe mit Bedrohungen. Bei Dir war es direkt ein Packet." „Du bist nicht ständig im TV oder in Shows.", wirft Andre ein.
„Richtig!", sagt Jack. „Du unterhältst die Menschen mit der Wahrheit, die einigen nicht schmeckt und wofür Du wohl getötet werden sollst. Wir haben in Deutschland eine Sendung namens Spiegel TV, die ist in etwa wie Du."

„Wobei das bei Pop und Rocksternen oder bei Schauspielern, wie wir wissen auch passiert. Damals zum Beispiel, der Tot von Roman Polanski′s Ehefrau oder John Lennon. Es ist kein Unterschied, am Ende läuft es immer auf dasselbe hinaus."

„Doch das werden wir zu verhindern wissen, dass Du zur Zielscheibe wirst!“

Der letzte Satz, der Jack über die Lippen kam, berührte Ihn sehr, weshalb er dabei schlucken musste.

Wie aus heiterem Himmel müssen Andre und Gene plötzlich stark bremsen. Ein Wagen schoss von rechts über die rote Ampel, wobei Gene das Lenkrad nach links herumreißen musste und dabei stark abbremste. Die Reifen blockierten und das Antiblockiersystem griff ein.
„Kopf runter!“, ruft Jack Sharon zu. Der Audi machte Geräusche, die sich für einen Laien, nach totaler Selbstzerstörung des Autos anhören würden.

Die Antischlupfreglung brachte den Audi wieder auf die Spur.

Jack´s Audi kam ohne weitere Blessuren an dem Rotlichtsünder vorbei. Gene, der seinen Wagen in eine andere Richtung manövriert hatte, drehte sofort, um wieder zum zweiten Audi mit Schutzperson aufzuschließen.

Der Rotlichtsünder mit einem Cadillac CTS stellte sich voll in die Bremsen, nachdem er bemerkte, dass er die Rotphase übersehen haben musste. Dabei geriet er ins Schleudern, was mit quietschenden und qualmenden Reifen einherging. Doch der Wagen kam auf der großen Kreuzung zum Stehen, ohne einem weiteren Fahrzeug zu nahe zu kommen. Die anderen Verkehrsteilnehmer bremsten und hupten. Zum Glück war es bereits später Abend und wenig Verkehrsaufkommen, womit die Gefahr einen schweren Unfall zu verursachen, geringer war.

Kapitel 6

„Sharon bist Du OK?“, kam synchron von Jack und Andre.
„Ja danke, es war nur der plötzliche Schreck.“, erwiderte Sharon etwas außer Atmen.

Andre hatte in der Zwischenzeit den Wagen wieder in Fahrrichtung gebracht und Gene drehte und gliederte sich wieder hinter Jacks Wagen ein.

Jack beobachtet den Cadillac mit Agus Augen, als der Fahrer ausstieg und sich mit Handzeichen zu entschuldigen versuchte. „Nicht stehen bleiben, wir rollen langsam weiter. Es ist nichts passiert Kollegen.“, ertönte Jacks ruhige Stimme über die Intercom. „Aber behaltet Ihn und das Umfeld im Auge, bis wir komplett vorbei sind.“

„Sharon Du kannst wieder hochkommen.“

„Was ist passiert Jack?“, wollte sie wissen. „Mmmh, es scheint jemand die Verkehrsregeln vergessen zu haben und das rot Stopp und nicht fahr durch heißt.“ „So etwas, das war heute schon der zweite. Ist heute Vollmond?“ stellte Sharon fragend fest.

„Ja Sharon, ich glaube so ist es. Anders kann ich es mir kaum vollstellen.“, gab Andre sein laut dazu.

Nachdem das Team Dream Liner, Sharon müde von dem Abend, zu Hause abgesetzt hatte, setze sich Jack vor seinem Büro in seinen BMW M5. „Gute Nacht und guter Job heute. Danke bis Morgen.“ danach schloss sich die Türe seines Wagens mit einem satten Klang.

Gene und Andre parkten die Audis auf Ihre Stellplätze in der Halle, wonach sie zum Schluss noch die Reifen prüfen mussten.

Als Jack seine Haustür öffnete war es schon kurz vor zwei Uhr morgens. Er ließ sein Equipment auf dem Schreibtisch nieder. Seine ballistische Weste und seine Schuhe hatte er sich zuvor im Flur ausgezogen. Danach ging er ins Ankleidezimmer, wo er seinen Anzug direkt in den Schrank hing und sein Hemd in die Schmutzwäschebox schmiss. Er kannte sich, wenn er es nicht sofort tat konnte man nach einer Woche alles in die Reinigung geben und eine Putzkolonne anfordern.

Erst mal eine Dusche dachte er sich, während er sich einen kleinen Wodka auf Eis machte. Dabei rieb er sich die Druckstellen, die die Holster an seinem Körper hinterlassen hatten. Er ging mit seinem Glas durch seine Räume und schaltete im Bad das Licht an. In den Fluren waren Bewegungsmelder. Oh Mann, dachte sich Jack, Angela ist ein Engel, ohne Sie würde ich hier im Chaos versinken.
Er vertraute nur einer weiteren Person seinen Schlüssel an. Dass war Angela, seine Haushälterin. Sie hatte das Bad mit neuen Handtüchern ausgestattet, was den ganzen Raum nach frischer Wäsche duften ließ. Ein Geruch der gar nicht in die Nacht passte, wie Jack fand, aber es war trotzdem ein gutes Gefühl.
Um drei Uhr ging bei Jack dann auch endlich das Licht am Bett aus.

Wie ein Dampfhammer zog das Klingeln seines Smartphones Jack aus dem Schlaf.

„Ja Jester, so früh?“, begann Jack das Gespräch. „Du bist schon wach?“ „Ja dank Dir.“ „Du Langschläfer, bist Du auch schon geistig dabei?“ „Ja, ja.“, brummelte Jack in sein Smartphone, dabei rollte Jack seinen Körper, mit dem Ziel schnell in die Küche zu kommen, aus dem Bett.

„Wann bist Du denn abgezogen?“ „Ich war eine Stunde nach unserem Gespräch weg.“ „Überstunden sage ich nur.“, sagte Jester und lachte Jack ins Ohr. „Aber laut den Dienstplänen von der Nacht war es wohl für das eine oder andere Team fast länger wie

Wahlkampfnächte."

Während dem Gespräch, mischte sich die Kaffeemaschine mit Ihren Geräuschen dazu. „OK Jester, ich denke Du wolltest mich nicht wach küssen? Was wolltest Du denn?" „Also Punkt eins, Du brauchst eine Frau die Dich liebt und Dir morgens ein Kaffee an das Bett bringt." „Ja guter Plan, murmelte Jack zurück. Aber eine die auch wirklich liebt.", konterte Jack und nahm einen großen Schluck Kaffee aus der Tasse. „Und Punkt zwei?", wollte Jack wissen. „Ich habe Neuigkeiten aus dem Labor von der Paketbombe."

„Echt, lass hören.", erwiderte Jack. „Also es war ein Zug und Druck Zünder, der mit einer Zeituhr versehen war. Nur man hatte sich in der Zeit vertan denken wir. Sie wurde erst durch die Uhr scharf geschaltet, was bedeutet, wenn man es begann zu drücken oder zu öffnen. Den Rest kennst Du."
„Mit anderen Worten die Bombe war von PROFIS?". „Richtig das war dort verbaut wurde, war kein Kinderstreich."

„Und außerdem habe ich mir alles noch einmal angesehen, auch die Punkte die Du markiert hast, aber ich kann mir nicht ausmalen ob es Nazis, Linksradikale oder andere Irre waren. Die gehen dilettantisch vor. Das war Profi Equipment, wie ich gerade erklärt habe."

„Jester also es riecht nach Profis immer wieder, nur weiß ich nicht, wo ich sie hinstecken soll.", erwiderte Jack, der seine Kaffee bereits runtergeschüttet hatte. „Sharon ist nicht an solchen Gruppen dran und war Sie auch nie." Jack war plötzlich hellwach. Die Neuigkeiten und der Kaffee hämmerten Ihm durch den Kopf. „Oder kommen Sie aus dem Ausland?"

„Nein Jack, das ist unsere Zeug MADE IN USA." „Aber bekommt man das nicht auch in Kanada, England oder dem Irak zum Beispiel?" Jack stellte die Tasse wieder unter die Kaffeemaschine.

„Das prüfen wir gerade auch noch Jack, aber das sieht nach unseren Materialien von A-Z, inclusive der Bautechnik aus. Die Jungs im Labor sind schon Top."

Die Sonne schob sich trotz des kommenden Winters dominant Richtung Himmelsmitte und gab noch schöne warme Strahlen ab.

Das Team, was die Tagschicht hatte, hatte schon lange seinen Platz bei Sharon eingenommen.

Das Telefon klingelte im Wohnzimmer. „Ja ich komme schon." Mit einem Sportanzug und einer Tasse Kaffee in der Hand betrat Sharon Ihr Wohnzimmer.

„Ja bitte?", doch am anderen Ende der Leitung war nur ein Atmen zu hören. Sharon widerholte „Ja bitte, wer ist da?"

„Sharon Hutton?", fragte eine männliche Stimme vom anderen Ende flüsternd. „Ja mit der sprechen Sie. Mit wem habe ich das Vergnügen?"

„Wollen Sie sterben Sharon Hutton?" Sharon schoss der Puls in die Höhe und Ihre Stirn wurde feucht. „Dann lassen Sie das, was Sie machen!", flüsterte die Stimme noch einmal.
„Was machen?", erwiderte Sie mit dünner Stimme. Ihre Kehle konnte nicht mehr von sich geben, sie war wie zugeschnürt. „Hallo wer sind Sie?"

Doch sie vernahm nur noch das Tuten als Antwort von ihrer Telefongesellschaft. Der Anrufer hatte aufgelegt.

„Bill, Bill!" Die Stimme von Sharon wurde wieder fester im Klang. „Komm bitte schnell ins Wohnzimmer."

Bill stand trotz seinem Muskelbau und seiner stolzen Größe von einem Meter sechsundneunzig, nur zirka drei Sekunden später bei Ihr im Zimmer. Er schaute Sharon prüfend an, wobei er mit seinem Blick das Zimmer scannte. Sharon hatte immer noch den Hörer in der Hand und sagte etwas zögerlich. „Mmmh, es müsste eine Aufzeichnung auf dem Band sein, die interessant sein könnte.“ „OK Sharon, legen Sie zuerst einmal auf. und dann erzählen Sie mir genau was passiert ist.“, antwortete Bill mit ruhiger Stimme.

Mit wenigen Worten erkläre Sie Bill was gerade passiert war.

Bill´s Gedanken kreisten um den Anrufer, was auf einer Geheimnummer eingegangen war. „Gut, ich höre es mir sofort an und verständige Jack.“

Bill Informierte per Funk seine Teamkollegen und ging mit schnellen Schritten in das Sicherheitsbüro. Der Soundfile leuchtete mit Uhrzeit, Nummer und Länge auf dem Monitor auf, welcher nach ein paar Klicks in Jack´s Büro per E- Mail angekommen war. „Gut, dann hören wir mal rein.“, sagte Bill, während er sein Handy zur Hand nahm.

„Bill Guten Morgen, was gibt es?“, erklang Jack´s Stimme in Bill´s Hörmuschel. „Guten Morgen! Wir hatten grade einen Anruf auf dem Telefon hier im Haus und zwar auf der Geheimnummer. Die E-Mail mit der Datei müsste bereits bei Dir sein.“ „Wer hat das Gespräch angenommen?“ „Dreimal darfst du raten.“ „Mist! Bleib dran, ich höre es mir erst mal an Bill.“

„Gut, wir haben jetzt eine Stimme, wie geht es Ihr?“ „Mmmh ich denke soweit gut. Sie ist im Arbeitszimmer.“, antwortete Bill.

„Jenny bring mir bitte eine Tasse Kaffee. Es war bereits seine Fünfte an diesem noch frühen Tag.
Mit einem PING meldete der Computer weitere eingegangene E-Mails.

Jack zog seine Kopfhörer an und spielte die Datei erneut ab. Dann wieder und wieder und wieder und wieder. Er wiederholte es bestimmt fünfzehn Mal.

Während er sich in seinem Bürostuhl zurücklehnte, schloss er die Augen. Gedanken kreisten in seinem Kopf, wobei er sich fragte, woher zum Teufel haben die oder der diese Nummer? Sie ist geheim! Die übertragene Nummer war von einem öffentlichen Telefonapparat am Stadtrand. Das war nichts, jedoch schoss er plötzlich nach vorne aus seinem Bürostuhl. Er stand grübelnd am Fenster, als es an seiner Bürotür klopfe „Jack dein Kaffee." Jenny kam mit einem Lächeln auf Ihn zu. Er liebe Ihr Lächeln, weil es so natürlich über Ihr Gesicht strahlte ohne künstlich zu wirken.

Jack ging um seinen Schreibtisch auf Jenny zu. „Danke Dir." Die Kleine, ohne High Heels nur einen Meter fünfundsechzig große Jenny, hielt Ihm die Tasse hin. Jack nahm sie im Gehen mit, trank einen großen Schluck, zog seine Jacke vom Kleiderständer und rief Jenny beim Gehen zu „ich bin bestimmt zwei Stunden weg.", was Jenny mit einem verwunderten Blick hinter ihrem Chef her blickend annahm.

„Und womit soll Sie aufhören? Sie hat zwei Themen an denen Sie recherchierte, die Arzneimittel und die Fabrik in Indien.", frage er sich. Dann drückte Jack die Starttaste seines BMW M5. Das Triebwerk brüllte sanft auf.

Das Innere des BMW erweckte zum Leben. Mit ein paar Klicks stand die Adresse der Telefonzelle im Navigationssystem, es war im Süden der Stadt in der Nähe der großen Kläranlagen. „Tolle Ecke, naja ich hoffe das Glück ist auf unsere Seite." grummelte Jack in sich hinein, während er sich in den Verkehr einfügte.

Nachdem Jack die Telefonzelle erreicht hatte, fuhr er zuerst einmal an ihr vorbei. Es war in der Gegen von D.C. nicht üblich mit einem BWM dieser Bauart eine Telefonzelle zu nutzen. Auch hier besaßen die meisten ein Handy oder und ein Autotelefon. Er suchte das Gebiet mit seinen Augen akribisch ab, aber seine Euphorie wich schnell der Realität. Hier war keine einzige Videokamera weit und breit. ′Verdammt′ dachte sich Jack. Die sind besser als ich dachte. Er drehte seinen BMW in einer Drehung und stoppte Ihn neben der Zelle, wobei er mit einem Klick den Kofferraum öffnete.

Nun richtete er seinen Blick auf den Boden. Wie ein Satellit scannte Jack dabei Meter für Meter ab, während er weiter in Richtung Telefonzelle lief, aber nichts, keine Zigarettenkippe, keine Dose, nichts. ′Verdammt′ dachte er, in jedem Film finden die Ermittler etwas, aber das hier war nun mal nicht Hollywood, sondern die harte Realität. „Gut gut," denkt sich Coleman, dann hoffe ich das mich das Geschenk vom Secret Service weiterbringt.
Jack hatte zu seinem Geburtstag einen Koffer geschenkt bekommen, einen von der Spurensicherung und dazu sogar einen Kurs, wie man die Technik anwandte.

Die Schlösser klappten mit einem sattem Klack zurück. Coleman öffnete den Koffer im Kofferraum seines BMWs, streifte sich die Handschuhe über und fing an Fingerabdrücke von den Türgriffen innen außen, den Wähltasten und dem Hörer zu sichern. „Nein nein nichts, alles abgewischt." Der Apparat war sauberer als ein öffentliches WC in der Mainstation New York. Jack drehte sich um, atmete tief durch und blickte in die Weite. Das Bing Bong seines Smartphones holte ihn schließlich zurück in die kalte Realität. Es war Jenny aus seinem Büro, die ihm eine Textnachricht geschickt hatte. ′Den Auftrag mit dem Hollywood Girl haben wir. ′, was sie mit einem Smiley und mit ′Grüße Jenny′ ergänzte. Jack ließ sein Smartphone wieder in die Tasche gleiten. Wieder setze er seinen Blick durch die öde Landschaft und den alten Industriewracks, die vor sich hin rosteten, fort.

„Gut Gut, dann sehen wir mal was uns als Nächstes erwartet.“, sagte Jack zu sich selbst, während er die Adresse von Sharon im Navigationssystem eingab.

Zirka fünfundvierzig Minuten später parkte Jack vor Sharon´s Haus. Die Sonne verlor schon deutlich an Kraft um diese Uhrzeit.

„Das ist eine Überraschung Jack! Nimm doch Platz. Möchtest Du einen Kaffee?“ „Eine Cola wäre mir gerade eigentlich lieber.“ Coleman´s Gesichtszüge waren ernst. „Ich wollte dich nicht überfallen, aber ich muss noch einmal nachfragen, woran Du grade arbeitest. Hast Du vielleicht vergessen mir etwas Wichtiges mitzuteilen?“ Sharon blickte nach unten. „Nimm doch erst einmal Platz. Wortlos setzte sich Jack in das gemütliche Ledersofa, ohne sie aus den Augen zu lassen.

„Weißt Du, ich spreche ungerne über nicht abgeschlossene Berichte, aber ich habe Dir ja gesagt, ich habe eine Story über den Kinderhandel für diese Pornosache z.B. Jack nickte Sharon zu. „Und das mit dem Börsenbetrug ist noch in der Pipeline, was aber glaube ich nicht so groß wird.“

„Mein Fokus liegt gerade auf der Fabrik in Indien.“ „Gut weiter, erzähl mir mehr darüber.“, forderte Jack Sharon nachdrücklich auf.

„Naja laut einem Informanten steckt da etwas dahinter. Er glaubt nicht, dass die USA dort Motorräder oder Handys produzieren wollen oder können.“

„Wieso, was gibt den Verdacht dazu?“ „Nun, ich hatte vereinzelte Telefongespräche mit Internen der Firmen, aber alles ohne Namen und Nummer und da weiß keiner von solchen Plänen.“ „Aber Sharon vielleicht sind es andere Firmen wie Google oder LG, es gibt genug US Konzerne, die Niederlassungen im Ausland haben oder neu gründen. Zum Beispiel das neue Werk von Nike oder Motorola.“

„Das ist richtig Jack. Das hatte ich Ihm auch gesagt, aber meine Quelle ist überzeugt davon, dass es um etwas Anderes geht." „Arzneimittel vielleicht?", wollte Jack wissen, was Sharon mit hochgezogenen Achseln beantwortete. „Warte mal, ich prüfe meine E-Mails, dass wollte ich gerade tun, als du gekommen bist."

„Natürlich, mach bitte.", erwiderte Jack. „Ich wollte dich auch nicht lange stören."

Sharon nahm ihr Tablett, womit sie sich wieder zu Jack setzte. Die E-Mails kamen nach und nach in ihr Postfach, nachdem sie den ′Refresh Button′ gedrückt hatte.

Jack blickte derzeit durch das geschmackvoll eingerichtete Wohnzimmer, was ihn an das Wohnzimmer mit seiner Freundin erinnerte. Bei der Erinnerung wurden seine Hände feucht und er dache ′Was würde ich jetzt für eine Zigarette tun. ′

„Hier ist etwas neues Jack." „Zeige es mir bitte." „Ja natürlich hier." Jack nahm das Tablett in die rechte Hand, wonach Sharon sich näher an ihn heran setzte.

„Diese hier.", zeigte Sie mit ihrem Zeigefinger auf den bunten Monitor, was er mit einer kurzen Bestätigung mit einem Doppelklick öffnete.

Vertieft auf den Monitor schauend, las Jack die E-Mail, was er nach einem kurzen Blick zur Sharon fortsetze. „Weißt Du was du da hast?" „Oh ja ich glaube schon." „Ist die Quelle einhundertprozentig zuverlässig? Und woher kommt Sie?", wollte er wissen.

Sharon antwortete und nickte gleichzeitig. „Ja ist sie, ich habe schon öfter von der E-Mail Informationen bekommen, die immer zutrafen."

„Aber hast Du Ihn jemals zu Gesicht bekommen?“ „Nein, bis jetzt noch nie.“
„Wer weiß noch davon?“ „Niemand, er vertraut nur mir Jack.“
„Kann er vom Sender oder Geheimdienst sein, Whistleblower? Überleg bitte, wann ging das los?“

Jack stand auf, wobei Sharon ihm nachsah und fragte „wo willst Du hin?“

„Bekommt er Geld von Dir auf ein Geheimes Konto?“ Toter Briefkasten „Nein, nein niemals und wir haben auch niemals über Geld gesprochen.“ Verlangt er irgendetwas anders?

„Es ging los. als ich Beiträge in den Nachrichten veröffentlicht habe. Er ist Idealist und möchte die Welt auch nur ein wenig besser machen in der wir leben.“, erwiderte Sharon.

„Dann hoffe ich, dass wir in Zukunft sowas nicht mehr lesen müssen.“ Jack wunderte sich über den Gedanken von sich, denn er wusste, dass es wohl eher in die andere Richtung gehen würde. „Sharon benutzt Du ein Verschlüsselungsprogramm?“
„Ja, aber ob das auf dem neusten Stand ist, weiß ich nicht.“ Sharon ging sich nervös durch Ihre Haare. „Mein Vater hat es mir mal vor einiger Zeit gegeben.“

„OK, dann hoffen wir das jetzt mal. Ich muss mal telefonieren, bitte drucke mir die E-Mail in der Zwischenzeit zweimal aus.“

Jack zog sein Smartphone aus der Tasche und ging mit seinem Finger den Nummernspeicher der Ankommenden Anrufer durch.

„Coleman wieder Wach?“, witzelte Jester. „Jester bist Du im Dienst?“ „Nein, was ist denn los?“ „Einiges, wann können wir uns sehen?“ Jester entgegnete „ich bin grade vor meiner Haustüre.“ „Ok, ich komme zu Dir.“, antwortete Jack.

„Klar, verschiebe ich mein Essen. Meine Frau wird begeistert sein." „Wir gehen etwas essen.", konterte Jack. „Ok, aber das wird meiner Frau nicht schmecken.", gab Jester zurück. „Das was ich Dir zeige, wird Dir zum Essen auch nicht schmecken.", erwiderte Jack und beendete das Gespräch.

Sharon hielt Jack die beiden Ausdrucke hin, die er ohne Reaktion an sich nahm.

„Bitte antworte nicht auf diese Mail bis ich Dir etwas Anderes sage."

Sharon nickte, sie erkannte, dass Jack sichtlich aufgewühlt war, was sie sehr ernst nahm.

„Ich rufe Dich an. Ich möchte, dass Du heute nicht mehr raus gehst. Sage bitte alle Termine ab, am besten auch die für die kommenden Tage."

Jack stand auf und ging in das Sicherheitsbüro. „Jack man Du siehst nicht gut aus." „Bill hör zu. Ich will, dass Du das Team noch einmal anspitzt, die Augen aufzuhalten." „Klar, das mache ich sofort." Erwiderte Bill „Die Sachen entwickeln sich grade in eine unschöne Richtung, deshalb möchte ich, dass Sie heute und eventuell noch weitere Tage zu Hause bleibt. Alles weitere später."

Ryan verließ das Haus und klopfte den beiden BMWs beim Vorbeigehen auf das Dach.

Man könnte glauben der M5 wäre ein Puma, der grade ein rohes Steak bekommen hätte, so wie er aufbrüllte, als Jack ihn aus der Parklücke steuerte.

Die Wohngegend war für solche imposanten Autos, wie Jack einen fuhr, bekannt. Jedoch nicht, mit solch einer Geschwindigkeit. Jack schaffte die Strecke in sieben Minuten weniger als üblich.

Die Haustüre öffnete sich bereits, als Jack vorfuhr, wodurch Jester herauskam und auf Jacks BMW zuging. „Wieder hinter dem Fester aufgepasst?“ „Du weißt doch wie es ist.“, antwortete Jester. „Ja einmal in dem Geschäft, dann bist du es auch immer Privat.“ „Ok, was hast Du nun so Wichtiges für mich?“

„Steig ein forderte Jack Jester auf. Lass uns zuerst einmal in ein Restaurant fahren.“, forderte Jack ihn auf. Der schwere BMW bewegte sich wieder zügig in den Verkehr von Washington D.C. „OK, Du scheinst Hunger zu haben.“, lächelte Jester Jack an, der den BMW M5 kurz anziehen und damit mühelos ein paar gelbe Ampeln überqueren ließ.

Während Jack seinen Wagen durch den Feierabendverkehr von Washington D.C. steuerte, folgen ihm zwei Wagen, wovon er durch die Rushhour aber keine Notiz nahm.

An der Kreuzung Massachusetts AV Ecke 2nd kam er an eine rote Ampel, weshalb er den BMW fauchend an der Haltelinie stoppte.

Ein Verfolger bleibt unbemerkt rechts neben Ihm stehen. Die Fenster des Wagens waren abgedunkelt, wodurch man niemanden im dem Fahrzeug sehen konnte.

Der zweite Verfolger fuhr scheinbar mit Absicht auf die Stoßstande von Jack´s BMW und schüttelte den Wagen leicht durch, was in den USA nichts Ungewöhnliches war. Daraufhin blickte Jack durch den Spiegel nach hinten. Jester drehte seinen Kopf ebenfalls nach hinten, von woher der Aufprall kam. Plötzlich zischte ein Knall mit der dazu passenden Kugel durch die rechte Türschreibe das Tür Glas, was zerplatzte, wie eine Eisplatte, die man als Kind vorsichtig von einer Pfütze abnahm, um sie dann zu zerwerfen.
Jester´s Blut und Schädel, Knochen sowie graue Gehirnmasse

verteilte sich im Inneren von Jack´s BMW, wonach das Projektil noch mit einer extremen Energie ins Armaturenbrett einschlug.

„Verdammt eine Falle! Verdammt!“, fluchte Jack. „Wie dumm ich bin.“ Jack ging sich durch die Haare, selbst dort war Jester´s Blut.

Jack fuhr seine Konzentration hoch. Er wusste, dass es jetzt um Leben und Tot ging. Er blickte nach rechts und links, trat das Gaspedal des M5 durch, diesen Befehl nahm der Motor dankend an und seine Kraft auf der Hinterachse verteilte. Dann schoss er mit einem Brüllen der Auspuffe über die Kreuzung, und das ganze immer noch bei Rot. Jack suchte sich eine Gasse zwischen den quer Fahrenden anderen Autos.

Jack packte seinen Freund am Arm und rief „Jester, Jester, kannst Du mich hören?“

„Sprich mit mir mein Freund.“ Coleman wusste instinktiv das sein Freund tot war. So eine Verletzung am Kopf konnte keiner überleben. „Verdammt, Verdammt, dass hätte nicht passieren dürften“! schrie Jack im Wagen.

Dann atmete Jack durch und fasste sich erneut. Während der Fahrt konnte er nicht sehen, dass Jester´s rechte Kopfhälfte wie eine Zitrusfrucht zerrissen worden war. Sein Freund war sofort tot.

Jack beschleunigte seinen BMW, sodass die Tachonadel wie ein Pfeil in Richtung Mitte des Tachos schoss. Die beiden Verfolger hingen mit geringem Abstand an Ihm dran. Jack zog quer durch die Straßen von Washington D.C., jedoch konnten die beiden Wagen, die ihn verfolgten, dem BMW M5 nur kurzfristig das Wasser reichen.

Durch die Fahrkünste von Jack gepaart mit der Leistung die vom dem Motor auf die Achse wirkte und damit auf die Straße gebracht wurde, gab den Verfolgern keine Chance. Nur wusste er auch, dass so ein

Attentat nichts für Chorknaben war. Mit anderen Worten waren Sie abgekocht und nahmen das Risiko in Kauf, das Unschuldige in Mitleidenschaft gezogen wurden.

Nun war der Verkehr das Problem. Jack nutze jede Lücke im Verkehr von D. C., was die anderen Verkehrsteilnehmer zum Hupen und Bremsen brachte. Er sah im Rückspiegel wie Reifen qualmten und einige Wagen sich ineinander verkeilten, aber auch dass die beiden, die Ihn verfolgten gut durchkamen. Jedoch hatten die Verfolger keine Möglichkeit näher an Jack heranzukommen. geschweige denn zu überholen.

Der leblose Körper von Agent Jester schoss dabei leblos, im Gurt gehalten hin und her und vor und zurück.

Jack zog das Sportgetriebe auf einem freien Stück der Benning Road bis in die vierte Gangstufe. Zwischendurch auch in den Gegenverkehr wo der Verkehr einige Lücken bot, was sich jedoch ziemlich kompliziert gestaltete, da in der Mitte eine Straßenbahn und Verkehrsinseln waren, die er umfahren musste. In dem Moment verlangte er alles von seinem M5 ab. Es war wie Slalomfahren, wobei er zwischendurch bremsen musste oder scharf einlenkte, weil Ihm andere Autos entgegenkamen. Es war wie ein Blitzlichtgewitter, alle Teilnehmer nutzen die Lichthupe die Ihm entgegenkamen. Nach zirka einem Kilometer zog er schließlich rechts in eine kleinere Straße und setze den Wagen rückwärts in eine Einfahrt. Er lud und entsicherte seine Waffe. ´Gut, wenn Sie mich gesehen haben; kommen Sie und wenn ich einen Peilsender am Wagen habe, kommen sie auch´, dachte sich Coleman und blickte sorgevoll seinen toten Freund an.

Ryan betätigte auf dem Lenkrad das Symbol Autotelefon und suchte Gene´s Nummer, wonach sich die Verbindung aufbaute.

„Ja.“, durchflutete es das Innere des Wagens mit Gene´s Stimme, der über die Lautsprecher zu hören war. „Jack ich höre."

„Gene, seid Ihr noch in der Firma?" „Aber ja. Wir sind hier und machen gerade alles fertig.", antwortete Gene gelassen. „Gene, höre mir genau zu. Nehmt die M Vier Sturmgewehre für jeden mit, nicht nur die Wahlter. Pack Rick und Totty in den neuen Porsche und packt noch einmal das Doppelte an Munition mit ein für alle!" „Ok, Ok, Ok!", erwiderte Gene nur.

„Ich bin in zirka zehn Minuten in der Firma. Bestell bitte sofort eine Ambulanz! Hast Du verstanden, jetzt Gene Ende!"

Gene war bereits dabei seinen Kollegen Handzeichen, während des Telefonates zu geben, damit er die Aufmerksamkeit von Ihnen bekam. Danach antwortete er, „. Ja Chef, wird sofort gemacht, " und beendete das Gespräch.

Jack benutzte sein Autotelefon ein weiteres Mal. Dabei beobachtete er scharf den Verkehr in der kleinen Straße.

„Bill hier, ich höre Jack!" „Bill das ist keine Übung. Agent Jester liegt scheinbar tot hier neben mir in meinem Wagen. Ich fahre jetzt in die Firma und komme danach zu euch. Ihr zieht Sharon jetzt bitte sofort die Ballistische Schutzweste an, die für den Alarmfall vorgesehen ist."
„Und geht mit Ihr in den Schutzraum."
„Gib dem Team vor Ort bitte sofort Alarm durch. Ihr dürft keinem vertrauen auch keinem Cop. Verstanden?" „Ja, verstanden! Ich löse Alarm aus." „Es ist nur eine Vorsichtsmaßnahme aber ich gehe kein Risiko ein Bill."

Jack ließ dabei seinen Blick nur auf die Windschutzscheibe gerichtet. Die Verfolger hatten Ihn verloren, da war er sich jetzt ziemlich sicher.

Dann zog er Jester zu sich herüber und hielt ihm seine Hand, die immer noch warm war. Tränen füllten seine Augen. „Das hast Du nicht verdient mein Freund. Es tut mir leid mein Freund. Wir werden die Schuldigen finden und sie werden dafür bezahlen. Und ich werde mich um deine Frau kümmern, versprochen. Es tut mir so leid mein…“ Ihm blieb die Stimme weg und Tränen liefen ihm die Wangen herunter. Er ließ es einfach zu. Der Schmerz hatte Ihn so hart getroffen.
Dann drückte er die Starttaste, die den Befehl an den Anlasser gab und der an den Rest des Motors.

Es war mittlerweile stark am Dämmern. Erste Sterne waren an diesem schönen Spätsommerabend an
dem wolkenfreien Himmel zu sehen, als Jack auf sein umzäuntes Firmengelände ankam.

Das Tor der Halle ging, direkt zu als Jack den BMW M5 mit quietschenden Reifen direkt in der Halle platzierte.

Von weitem waren bereit die Sirene zu hören und die Lichter der Ambulanz zu sehen. Die auf dem Asphalt tanzenden Lichter kamen aber in diesem Fall leider zu spät für seinen Freund.

„Jack was zur Hölle ist passiert?“ Die Kollegen standen um den BMW und hörten zu, um die Dunkelheit in Ihren Köpfen zu beleuchten.

„Andre, Gene, packt an wir müssen Ihn aus dem Wagen holen und auf eine Decke legen.“ „Jack du weißt, dass er tot ist?“, brachte Andre die Tatsache noch einmal auf den Punkt. Jack hielt einen Moment inne, als ob es ihm noch gar nicht klar war, dass er nur noch einen toten aus seinem Wagen barg. Aber er war sein Freund.

Obwohl es Ihm direkt klar geworden war, dass er seinen Freund an einer Ampel nicht durch einen Verkehrsunfall verloren hatte, sondern durch einen feigen Mord, ein Attentat.

„Ist bei den anderen Aufträgen alles gut oder gibt es dort etwas zu berichten“ Unregelmäßigkeiten?“, schaute Coleman Megan an. „Nein, laut der Projektplanung ist alles ok.“
„Ok! Megan, Steig ein, wenn Du fertig bist, wir fahren sofort rüber!“

Bill hob seinen rechten Arm und drückte die Sprechtaste seines Tarn Sets, wie es üblich war beim Personenschutz.

„Bill hier an alle. Alarm!“, er wiederhole „Alarm. das ist keine Übung.“ Bill und ein weiterer Leibwächter schossen in das Büro von Sharon.

Mit weit geöffneten Augen und einer Mimik aus der Mischung zwischen Angst und Überraschung, fragte Sharon „was ist passiert Bill?“ „Sharon hier, ziehen Sie das an und kommen Sie sofort mit in den Keller!“ Die beiden Leibwächter packten Sharon und zogen Ihr mit geübten Griffen die Weste über Ihre Bluse. „Lassen Sie alles liegen, JETZT!“

Bill benutzte das zweite Mal das Micro an alle „Ansage von Coleman, es wird keinem Vertraut, auch nicht den Cop´s. Es darf keiner an das Haus heran.“ Die Kollegen bestätigten die Ansage vor dem Haus im Wagen mit einem üblichen Doppelklick. Danach zogen sie Ihre Waffen mit einer Routine aus dem Holster, entsicherten sie und legten Sie sich auf den Schoss. Damit waren sie auf der sicheren Seite, was Überraschungen anging.

Kapitel 7

Die völlig verwunderten Sanitäter konnten nur noch den Tot von Agent Jester feststellen.

„Hey Mister, wer hat hier die Verantwortung?“, spricht einer der beiden Sanitäter Coleman an, der augenscheinlich und offensichtlich bei dem Attentat dabei war, denn seine Jacke und sein Gesicht waren mit Jester´s Blut benetzt. „Wer war dabei? Was ist passiert und wo?“

„Wir müssen die Cop´s rufen, das ist eine Schussverletzung. Der jüngere von den beiden Sanitätern ergänzte „wir werden und müssen das melden.“

„Hören Sie mir zu!“, schaute Coleman die beiden scharf an. „Rufen Sie von mir aus die Cop´s, aber ich muss jetzt Fahren, sonst könnte es mehr davon geben und ich trage die Verantwortung. Der tote war mein Freund, es ist Agent Jester vom US Secret Service und er wurde bei mir im Wagen von einem Attentäter erschossen.“
„Das ist vor zirka fünfundvierzig Minuten passiert, und es werden genug Passanten am Tatort mitbekommen haben. Zudem wurde es mit Sicherheit über die Verkehrskameras gefilmt.“

Jenny die mittlerweile aus Ihrem Büro in die Halle heruntergekommen war, hielt sich die Hand vor den Mund. Die anderen Mitarbeiter verfolgten es durch Ihre Büroscheiben.
„Du wirst den Cop´s alle Infos geben die Sie jetzt brauchen OK?“ Jenny schaute Jack, wobei er keine Miene verzog. Sein Gesicht war wie ein Tresor. „Des Weiteren, rufe Waitman vom Secret Service an und sage Ihm das Agent Jester ermordet wurde. Ich werde mich später bei ihm melden. Ach, bitte sage ihm, dass ich es seiner Frau persönlich sagen möchte.“ das bin ich ihm schuldig.

Jenny nahm alle Informationen an und nickte Jack zu „ja natürlich, das mache ich. Passt auf euch auf."

Das war das letzte, was er sagen und hören konnte, denn danach schloss sich die schwere Türe vom gepanzerten Audi A8 L. Zusammen schossen die zwei A8 Limousinen und ein schwarzer Porsche Cayenne aus der Halle.

In dem Porsche saßen Totty und Rick, zwei Ex Ranger des älteren Jahrgangs, die beide aus Militärfamilien stammten. Sie hatten Ihre Sporen im Golfkrieg und einigen Einsätzen erlangt, über die sie erst im Jahre zweitausend fünfhundert sprechen durften, weil diese so geheim waren. Nun waren sie Projektleiter in Coleman´s Firma und bildeten auch den einen oder anderen Auszubildenden aus, wenn man das in den USA so sagen konnte.

Die beiden Sanitäter schauten sich nur an, wobei der Ältere von den beiden, die Leiche zudeckte.
Dann wandten sie sich Jenny zu und erklärten ihr „wir rufen jetzt die Cop´s Miss."

Auf dem Weg, den die drei Wagen zu Sharon unternahmen, lag eine eisige Kälte in der Luft. Niemand sagte etwas. Sie wussten, dass Jester ein enger Freund von Jack war und er Ihm hier in den USA sehr viel zu verdanken hatte.

Dann durchbrach Jack die Stille im Wagen „eins an zwei und drei Com Check!"

„OK Jack, was zur Hölle ist Passiert?" „Gene gib mir bitte zwei Minuten. Ich möchte mich erst einmal von der Jacke befreien." Das war nur zu verständlich, weil sie voller Blutspritzer seines Freundes war.

Nachdem er sich der Jacke entledigt hatte, erzählte Jack über die Intercom kurz und knapp, was passiert war.

Der Keller von Sharon´s Haus war in einem Bereich so umgebaut, das man dort sehr gut eine Schutzperson unterbringen und schützen konnte.

„Gut Bill, was ist passiert? Warum der Alarm?“, fragte Sharon, die sich nach einem Moment wieder gefangen hatte. „Jack hat mich angerufen und wollte, dass ich Alarm auslöse! Der Name Agent Jester vom US Secret Service ist Ihnen ja geläufig?“

„Ja natürlich.“, erwiderte Sharon. „Er ist tot! Das ist kurz und knapp, was Jack mir sagen konnte oder wollte. Dann beendete er das Gespräch.“ „Das ist ja furchtbar. Sharons Lippen zitterten ich kannte Ihn schon vor Jack. Die beiden hatten sich doch so gut angefreundet. Ein feiner Kerl, er hat mich mit Jack zusammengebracht, als die Probleme losgingen. Es tut mir so leid für seine Frau. Sie ist so eine tolle Frau, ich habe Sie mal bei einer Feier kennengelernt.“ Tränen liefen Sharon über ihr Gesicht.

Die drei Fahrzeuge stellten sich zu den anderen beiden vor Sharon´s Haus.

Jack, Rick und Andre gingen zur Haustüre. „Jack an Team zwei, Springer kannst Du mich aufnehmen?“ „Ich komme, verstanden!“, erwiderte Springer.

Die drei waren deutlich durch die Kamera vor dem Haus zu sehen.

Kapitel 8

Nur drei Blöcke entfernt auf der Hauptstraße, wartete ein schwarz gekleideter Mann in einem schwarzen Cadillac Escalade.

Auf der Beifahrerseite stieg ein Mann, der ebenfalls in gedeckter Kleidung herumlief, hinzu.

„Du hast Ihn erwischt oder?“ „Ja, das habe. Es war ein Kinderspiel.“ „Ach ja, war es das?“, erwiderte der Fahrer. „Aber Du Idiot hast nur einen von den beiden getroffen.“ „Sorry Mario, ich wusste nicht, dass der so schnell reagiert.“

„Das konntest Du dann ja sehen, als er vor uns weggefahren ist. Er ist kein Amerikaner, er ist in Deutschland geboren und hat dort fahren und seinen Job erlernt.“ „Was willst Du damit sagen Mario?“ „Ganz einfach, mein Opa hat im zweiten Weltkrieg gegen die Krauts gekämpft und die Jungs verstehen ihr Handwerk. Die haben nicht aufgeben, wofür er sie teilweise sogar bewundert hatte.“

„Also wir haben grünes Licht bekommen. Aber keine Paketbombe mehr, mit so etwas kommen wir an die nicht mehr heran.“

„Ja und wie sein Kopf explodiert ist, das war eine Sauerei für diesen Jack. Der Killer legte ein freudiges Grinsen auf sein Gesicht. Der wird auf jeden Fall nichts mehr sagen.“
„Tells verdammt, ich hoffe Du hast die nicht Regestierte 338 Lapua Magnum genommen.“

„Ja die aus dem Bestand besondere Aktionen. Mensch ich bin auch Ausgebildet Mario, also lass die dumme Fragerei.“

„Gut Tells! Also der Befehlt ist sie kalt zu stellen, das ist oberste ... Koste es was wolle. Wir können dabei auf alle Möglichkeiten zurückgreifen."

„Gut!", lächelte Tells Mario kalt an, „treffen wir uns morgen Mittag wieder hier. Zwölf Uhr, gute Nacht." Danach verließ Tells wieder den Wagen.

„Jack ist es wahr?" „Ja leider Sharon, an einer Ampel. Er hatte keine Chance." „Und ist Dir etwas passiert?" „Nein, nur das ich einen sehr wertvollen Menschen verloren habe."

„Das tut mir unendlich Leid Jack." Die Tränen schienen bei Sharon gar nicht mehr zu trocknen, so aufgewühlt und betroffen war sie.

„Ich möchte die Nachricht jetzt gerne Jester´s Frau persönlich überbringen."

„Ja natürlich, das verstehe ich sehr gut Jack." „Die Jungs bleiben erst einmal noch etwas hier. Ich komme morgen früh zu Dir und bringe meinen Computerexperten mit, wenn das OK ist?", erwiderte Jack. „Ich muss deine Technik prüfen." „Natürlich ist das Ok, das weißt du auch Jack." „Gute Nacht." „Gute Nacht Jack."

Ein paar Schritte weiter gab Jack seinem Team noch einmal neue Instruktionen. „Gut Jungs, gehen wieder in Normal Status, aber bleibt noch drei Stunden in den Seitenstraßen, danach übernimmt die Nachtschicht ganz. Vorsicht noch einmal, unser Gegner ist kalt, entschlossen und kennt seinen Job auch. Gute Nacht."

Jack verließ das Haus wieder. Seine Zunge lag wie ein in Getriebeöl getauchter Lappen in seinem Mund. Er wusste, dass so etwas in seinem Job passieren konnte, aber sein Freund starb für nichts, denn dieser Job war nicht sein Job. Jester´s Job war es, den Präsidenten der USA und sein Gefolge zu schützen.

Das Piepen in seiner Hosentasche machte Ihn wieder munter. Es war eine Mail von Jenny, die ihm eine Zusammenfassung der Ereignisse der Cop´s zugesandt hatte. Zudem teilte sie ihm mit, dass sie seinen BMW zur Spurensicherung mitgenommen hatten.

Ihre Nachricht war mit ganz viel Gefühl verfasst, worin sie ihm ihr Beileid aussprach. Coleman fragte sich manchmal woher Sie diese Worte nahm, denn er glaubte nicht, dass jeder Mensch so viel Empathie besaß, wie Sie.

Jack drücke den Startknopf am Porsche und gab als Ziel die Anschrift der Frau seines Freundes ein, um ihr die Botschaft zu überbringen, dass Sie nie mehr mit Ihrem Mann zusammen einschlafen, auf der Couch liegen oder ihm die Krawatte gerade ziehen konnte, bevor er das Haus verließ. Sie ihm nie mehr an die Hand nehmen, Ihm ihre tiefsten Wünsche und Gedanken mitteilen und sich an ihm wärmen konnte. Jack kannte dieses Gefühl sehr gut.

Jetzt eine Zigarette, „ja wieso nicht, scheiß drauf." Er steuerte auf eine Tankstelle zu. Mit einem Klick kam der Anzünder wieder heraus. Er zog den Qualm tief ein. Als der Filter aus der Autoscheibe flog, stand er vor der Türe, vor der er erst vor kurzem seinen Freund abgeholt hatte.

Das Klingeln an der Haustüre würde er wohl sein restliches Leben nicht mehr vergessen. „Jack was machst Du denn hier? Klang die Stimme lieblich zu Ihm, wo ist denn…?" Sie sprach den Namen nicht einmal aus, sondern fiel vor Jack auf Ihre Knie zu Boden, als sie seinen Blick sah. Ihr Weinen und Schluchzen traf Jack wie mit einem Eispickel. Jack versuchte Sie zu sich hochzuziehen, aber es war vergebens. „Helena es tut mir so unendlich leid." Ihr Weinen kam so tief aus Ihrem Herzen. Jack ging zu Ihr herunter und hielt sie ganz fest gedrückt. In ihm stiegen ebenfalls Tränen auf und hockte mit Helena umarmt am Boden wo beide zusammen ihren Gefühlen freien Lauf ließen.

Er fühle sich so schlecht und selbst so schuldig. „Warum Jack, warum?“ Jack wollte und konnte Ihr in diesem Moment nicht sagen, dass es um ein Blatt ging, eine E-Mail welche er mit sich in seiner Tasche trug, die Ihr die Liebe genommen hatte und Ihm einen wunderbaren Freund.

Jack wusste nicht mal ob er sich von diesem Schuldgefühl jemals befreien konnte.

Kapitel 9

Jack kam in sein Wohnzimmer. Er war ausgelaugt, seine Seele schrie nach Ruhe. Der Tag hatte ihn geschafft. Seine Armbanduhr zeigte ihm wieder an, dass es bereits nach Mitternacht war. Er ließ sein Equipment auf den Tisch fallen. Die restlichen Kleidungsstücke verlor er auf dem Weg zur Dusche. Nachdem er eine gute halbe Stunde Wasser auf sich prasseln gelassen hatte und aus der Dusche heraustrat, schaute er erneut auf seine Uhr, was es nicht besser machte. Er rieb mit seinem Daumen über das Glas der Omega, die ein Geschenk war.

Dann fasste er einen Gedanken Sara anrufen.

Er trocknete sich schnell ab und stand nach nur sieben Minuten in seinem Wohnzimmer. Er wählte die Nummer mit seinem Smartphone und dachte, ′ok es sind sechs Stunden Unterschied, aber sie war ja oft lange wach. ′ „Jack?", klang es am anderen Ende der Leitung. „Ja ich bin es Sara." „Junge, wie hörst Du dich denn an?" Jack überspiele das Geschehene des Tages und erklärte Sara gegenüber, „na ja, war nur langer Tag." „Was macht die gute, alte Eifel? Habt Ihr schon Schnee und wie geht es deinem Autor?" „Jack Coleman, nein das haben wir nicht und dass weißt Du auch. Soweit ist alles gut. Er ist auf Vorlesungen, ich habe grade mit Ihm telefoniert. Er ist in Hamburg. Ich soll dich Grüßen."

„Jetzt erzählst Du mir was los ist!" Du weißt, ich bin die Schwester oder besser..." Sara pausierte für einen Moment, als wären ihr die Worte ausgegangen. „Sara ich weiß.", erwiderte Jack, das ist nicht von der Hand zu weisen. „Aber dennoch wart ihr verschieden ihr beide." „Jack, hör auf dich zu quälen. Sie kommt nicht mehr wieder." Jack hatte schwer mit sich zu kämpfen. „Ja.", kam es schließlich leise über seine Lippen.

„Hey, die Tannen vor dem Haus sind weg. Die Aussicht ist jetzt noch viel schöner.“ „Das wurde aber auch Zeit! Die waren weder Fisch noch Fleisch. Ich würde so gerne wieder auf eurem Balkon stehen. Die Aussicht ist unglaublich immer wieder, besonders in der Nacht. Wie Verkauft den dein Ehemann sein neues Buch?“ „Gut, viel besser als gedacht aber er hat sehr viel daran gearbeitet.“

„Ich hatte viele Nächte ohne Ihn. Er schrieb oft bis in den Morgen. Du weißt ja wie er ist.“ „Oh ja, das weiß ich, tolle Visionen hat er.“ „Jack, was ist nun passiert? Oder soll ich mir die Washington Post durchlesen?“ „Nein, nein, mach das nicht. Ich werde es Dir bei Zeiten erzählen.“ „Jack, warum kommst Du nicht mal eine Woche zu uns spannst etwas aus?“ Wir haben so viel Platz.“

Jack zündete sich eine Zigarette an. Der Qualm stieg grade auf, als ob der Raum Menschenleer war. „Und meine Eltern würden sich auch wahnsinnig freuen dich wiederzusehen. Du weißt Sie lieben dich, auch mein Vater spricht so oft von Dir.“ „Grüßt Du sie von mir Sara, bitte und deinen Mann natürlich auch.“ „Wie läuft es denn sonst bei Dir?“, wollte Sara wissen. „Na ja, wie Du weißt, kann ich über die Fälle nicht sprechen aber gerade im Moment habe ich echte Sorgen.“, erwiderte Jack. „Ich weiß wir bekommen das hin. Ich habe heute einen Schritt in die richtige Richtung gemacht. Diese Täter werden Ihrer Strafe bekommen.“

„Bist Du nicht müde?“ „Doch.“, kam die Antwort leicht verzögert von Jack. „Pass auf Jack, Du bringst das zusende und dann kommst Du zu uns. Versprich es mir Jack Coleman. Bald wird es auch Schneien dann bist Du hier oben und kannst dich mal richtig fallen lassen mit etwas Sauna.“

Jack dachte kurz nach. „Ja Sara, versprochen ich komme sobald ich es abgeschlossen habe.“ „Gut Jack und jetzt leg Dich hin. Du kannst doch morgen oder die Tage wieder anrufen, wenn Dir danach ist.“ „Gut Sara danke, schlaf du auch gut.“ Jack legte sein Smartphone weg.

Der Tag begann mit einem grau in grau. Die Wolken wollten D.C. wollten den Himmel heute nicht freigeben. Das Wetter passte perfekt zu diesem Tag, dachte sich Jack.

Jack und Thomsen standen in Sharon´s Arbeitszimmer.

„Guten Morgen Springer!“ „Guten Morgen Jack.“ „Morgen Thomsen.“, begrüßten sich alle gegenseitig. Sharon bat mich euch zu sagen, dass Sie noch fünf Minuten benötigen würde. Sie führte noch ein wichtiges Telefonat. Jack setzte sich auf einen der Stühle. „Pünktlichkeit ist nicht der Frauen zier.“, gab Thomsen darauf zurück.

Alle lächelten sich an. „Gut, also wie Du siehst.“, unterbrach Coleman die Stimmung „haben wir einen PC, einen Laptop, zwei Smart Telefone und ein Tablett.“

„Läuft das hier alles über W-LAN?“ wollte Thomsen wissen. „Ja.“, mischte sich Springer ein. „Nur unser Sicherheitsbüro geht über Kabel.

„Gut, warten wir bis Sie kommt.“ Kaum hatte Thomsen den Satz ausgesprochen, hörte man Ihre Schritte, was sie mit einem Fröhlichen „Guten Morgen“ in die Runde der Anwesenden im Arbeitszimmer aufwertete.

„Guten Morgen Sharon.“, kam es wie von einem Chor zurück. Ihr Duft flutete das Zimmer in Sekunden. „Jack bist Du wieder ok? Wenn man es so nennen kann?“

„Das ist Thomsen, mein Computerexperte.“, stellte Jack ihn Sharon vor. Die beide gaben sich die Hand. „Ich habe es glaube ich, noch nicht wirklich...“ Jack fehlten die Worte, was bei Ihm sehr selten vorkam. „Aber danke der Nachfrage Sharon." Sie nickte Jack zu und schaute Ihn an, wie das Rehkitz aus dem Bambi Film.

„Gut, was muss oder kann ich tun, damit der Experte seinen Job machen kann? Und bitte nehmt doch Platz." „Danke.", erwiderte Thomsen. „Gut, also ich brauche Ihre Passwörter, um legal an die Oberflächen zu kommen. Ich denke das macht das ganze einfacher.", sagte er etwas ironisch. „Spaß bei Seite, Jack hat mir schon Infos gegeben wonach ich suchen sollte."

„Wenn das für dich in Ordnung geht.", ergänzte er zum Schluss noch. „Ja ja, es ist natürlich wichtig und auch sehr notwendig." „Gut, dann möchte ich an dem PC anfangen." „Bitte folge mir.", wonach die beiden um den Schreibtisch gingen, um mit der Arbeit beginnen. Kaum dort angekommen, hörte man nur noch die Tastaturanschläge von Sharon´s Tastatur. Coleman und Springer sahen dem Ganzen aus ein wenig Entfernung zu. „Lass uns in unser Büro gehen.", forderte Jack ihn auf, was Springer tat und Coleman wortlos hinterherging.

„Kaffee?" „Gerne." Springer drückte die Taste an der Maschine. „Gut Jack, womit haben wir es zu tun?" Jack ging sich durch seine Haare. „Jenny ist grade dabei meine Schlussfolgerung per E-Mail an die Teams zu senden. Aber hier, lies." Coleman hielt Springer ein Blatt vor die Nase. Im Gegenzug hielt er Ihm die volle Tasse Kaffee hin. Springer setzte sich hin und schaute Coleman mit großen Augen an. „Das hast Du nicht geschrieben?" „Nein, mir wäre lieber, wenn ich es geschrieben hätte.", holperte seine Stimme. „Und wie Sicher ist diese Info?"

„Nein!", erwiderte Jack, das ist so auf ihrem Account eingegangen. „Sehr, sehr sicher.", erwiderte Jack. „Jetzt wird mir klar, warum das alles Gestern passiert ist. Es ist schlimmer als ich erwartet habe. Gut ich kenne das aus meinen alten Zeiten bei der Firma. Aber das hier, ist wie eine Atombombe, die sich im freien Fall befindet und nur Supermann kann sie entschärfen."

„Ich weiß Springer, ich weiß.“, erwiderte Jack mit sorgenvollem Gesicht.

„Ich rufe jetzt zuerst einmal Waitman an.“, ergänzte Jack. In diesem Moment klingelte sein Smartphone.

„Ja Coleman!“ „Mister Jack Coleman?“ „Ja der bin ich.“, bestätigte er dem Anrufer. Mein Name ist L.T. Schneider vom Washington D.C. Police Department
auf der 300 Indiana Ave NW. Ich habe Ihren Fall auf meinem Schreibtisch und möchte Sie bitten in mein Büro zu kommen, sobald Sie Zeit haben. Am besten noch heute.“, ergänzte Schneider. „Nun ja, wann haben Sie denn Zeit L.T. Schneider?“

„In zwei Stunden Mister Coleman.“ Jack schaute auf die Omega und bestätigte dem Officer „Ja das schaffe ich.“ „Gut, ich sitze in Zimmer 1603, sein Sie pünktlich.“

„Polizei?“ „Ja, ich muss die Aussage zu dem Mord an Jester abgeben.“

„Aber jetzt rufe ich Waitman an.“ „Endlich! Coleman, ich dachte ich muss Sie persönlich abholen.“

„Nein Nein Mister Waitman, Sie können sich sicherlich vorstellen was los war.“ „Ja das kann ich Jack, Verfolgung durch die Stadt, ein paar Unfälle, zwei leicht Verletzte und mein toter Agent Ihr Freund. Aber wenn einer meiner Männer augenscheinlich ermordet wurde, hätte ich diese Information gerne von Ihnen persönlich und nicht von Ihrer Sekretärin.“ „Sorry Mister Whitman, in diesem Moment schwebte einer meiner Klienten in Gefahr.“ „Gut Jack, ich habe nur Gutes von Ihnen gehört. Schwamm drüber, es ist schlimm genug.“

„Ich möchte Sie bitten um siebzehn Uhr bei mir im Büro zu sein.“

„Gut, Sie können mit mir rechnen."

Damit beendete Coleman das Telefonat, wonach er mit seiner Tasse Kaffee zurück in Sharon´s Arbeitszimmer ging.

„Thomsen wie kommst Du voran?" Thomsen saß an Sharon´s Schreibtisch, wobei er mit einer Hand seinen Kopf stützte und mit der anderen die Computermaus bediente. „Jack.", mummelte er in sich hinein. „Also so sicher ist das hier alles nicht und ich weiß auch, dass hier mitgelesen werden kann, nur wie das weiß ich noch nicht." Jack vergrub seine Hände in seiner schweren Lederjacke. „Hast Du denn einen Anhaltspunkt woher und von wem?" „Nein bis jetzt nicht.", erwiderte Thomsen und sah Sharon dabei an.

„Gut, ich werde jetzt fahren. Bitte ruf mich sofort an, wenn Du etwas hast, was brauchbar ist." „Ja klar, dass mache ich."

„Sharon leider kann ich Dir noch nicht sagen wann, Du wieder raus kannst. Bitte verstehe meine Sorgen." „Ich verstehe es Jack. Keine Sorge, dafür habe ich euch ja. Die Termine kommen jetzt hier zu mir."

Kapitel 10

Jack rannte zum Porsche, wobei es regnete wie aus Kannen, hinzu kam ein kalter Wind.

Er musste den Kopf frei bekommen. Mit einem Blick auf das Armaturenbrett, wo seine Zigaretten lagen, startete er den Motor. Genau, schoss der Gedanke wie ein Blitz durch seinen Kopf. ′Training′, „ich fahre zum Sport."

Nach einem kurzen Stopp bei sich zuhause, wo er seine Sportsachen zusammensuchte, fuhr er weiter. Dabei hatte er die ganze Zeit ein komisches Gefühl, was Ihn gedanklich verfolgte.

Er stoppte seinen Porsche in einer freien Parklücke und schaute mit einem prüfenden Blick in die Spiegel, aber es war nichts zu sehen. Nachdem der Gurt nach hinten schnellte und er aus dem Wagen gestiegen war, stand er vor seinem Boliden, ging um Ihn herum, schaute prüfend unter das Chassis, aber da war nichts. Nur sein Gefühl blieb, dass etwas nicht stimmte.

Stunden später trat Thomsen nach draußen vor die Tür. Er hatte einige verdächtige Spuren sammeln können. Nach getaner Arbeit ging er mit seiner Laptop Tasche über der Schulter im Schlenderschritt zu seinem Dienstwagen, der zirka einhundertfünfzig Meter weit weg stand. Mittlerweile hatte der Regen nachgelassen und die Sonne erkämpfte sich Ihre Position als Chefin zurück.

Er startet seinen 3er BMW, legte die Schaltstufe D ein, blinkte und fuhr los.

Dann betätigte er sein Autotelefon. Nach dem vierten Klingeln sprang die Mailbox an. „Jack Coleman bitte hinterlassen Sie Ihre Nachricht."

„Jack, Thomsen hier, also Ich kann Dir im Moment... ich glaube ich Spinne, mir ist an der Ampel jemand drauf gefahren. Ich muss aussteigen, ich rufe dich sofort zurück.“

Thomsen stellte das Getriebe auf P und drücke den Warnblinker an. Hinter Ihm stand ein schwarzer
Cadillac Escalade. „Hey, ist der BMW so klein, das man Ihn an der Ampel übersieht?“ Im hinteren Teil des Wagens zur Straße ging die Türe auf. Der Fahrer blieb sitzen. Thomsen stutzte „seit wann fährt man den vom Rücksitz?“

Dann spürte er nur noch einen dumpfen Schlag am Hinterkopf und fiel dem Mann vom Rücksitz wie ein nasser Sack in die Arme.

„Jack Coleman, ich habe einen Termin mit LT Schneider.“ „Gut, einen Moment bitte Mister Coleman.“ Nach einem Moment winkte der Empfangsbeamte Ihn durch und rief ihm zu „Zimmer 1603.“

Jack hob die Hand und nickte dem Beamten dankend zu.

„Sie müssen Coleman sein.“ „Ja das bin ich.“ „Bitte setzten Sie sich. Wie geht es Ihnen?“ Jack ließ die Frage unbeantwortet.

„Haben Sie einen Ausweis dabei?“

„Sind die Daten darauf aktuell?“ „Ja alle.“, erwiderte Jack.

Als Thomsen die Augen öffnete, konnte er nichts sehen. Dann plötzlich kam der Schmerz vom Nacken immer deutlicher zum Vorschein. Er wollte sich am Kopf fassen, nur war das nicht möglich. Als er seine Arme zum Kopf führen wollte, spürte er, dass er sie nicht dort hinführen konnte, wohin er wollte.

Dann dämmerte es Ihm, er ist entführt worden. Seine Zunge lag trocken in seinem Mund, was sich anfühlte, wie ein Kartoffelchip ohne Gewürze. Der Stoff, der sein Gesicht bedeckte, war wohl eine Mütze, welche grausam stank. ´Gut, dann versuche ich mal Spuren zu sammeln. Was kann ich hören, fragte er sich? Na ja, zurzeit nur meinen Kopf. ´, dann wurde er wieder bewusstlos.

„Gut Mister Coleman, danke für Ihre Aussage. Ach, Ihren BMW können Sie morgen Abend wiederbekommen. Aber das Armaturenbrett, sorry das ist leider sehr kaputt. Wir mussten das Projektil so gut wie möglich sichern." „Ja ok, ich hoffe das Labor findet etwas.", kam dazu passend von Jack zurück.

„Was wir mit Sicherheit wissen ist, dass der Schuss von einer Großkaliber Magnum abgefeuert wurde." „Gut danke." Danach ging Jack den langen Gang zum Fahrstuhl hinunter.

Im Fahrstuhl zog er sein Handy aus seiner Pilotenlederjacke. E-Mails ok, SMS ok, anrufe ok,
Thomsen auf der Mailbox. Als die Türen sich öffneten, bekam er wieder Funknetz. Er stellte sich neben die Türe vom Fahrstuhl und hörte seine Mailbox ab.

Die Nachricht auf der Mailbox brachte Jacks Puls zu gefährlichen Rekordwerten. „Verdammt, Sie haben Thomsen."

Jack wählte Jennys Büronummer. „Guten Abend Jack!" „Jenny, Thomsen ist vermutlich entführt worden. Bitte warne alle Mitarbeiter JETZT direkt." „Das Team von Hutton rufe ich an." „Oh mein Gott, ja das mache ich direkt. „Sei bitte vorsichtig." „Jenny mach dir keine Sorgen." Jack stellte mit seinem Smartphone eine Telefonkonferenz her. Die beiden Teilnehmer bestätigten die Annahme, wonach man die anderen Stimmen hören konnte. „Jungs hört zu" Thomsen ist zu neunzig Prozent entführt worden oder schlimmer. Keiner macht mehr Alleingänge!" „Verstanden.", kam es im Einklang. „Ich melde mich." Dann trennte Jack die Verbindungen und wählte die Nummer von

Waitman. „Secret Service Waitman.“, erklang die Stimme in Jacks Hörmuschel. „Coleman hier, ich bin auf dem Weg zu Ihnen.“ „Das ist gut zu hören.“, gab Waitman zurück. „Danke, aber ich habe ein Problem. Wahrscheinlich ist mein Computerexperte, Pet Thomsen, entführt oder getötet worden.“

„Coleman, das ist eine Sache für das FBI, aber gut geben Sie mir seine Mobilnummer, und Fahrzeug Typ und Kennzeichen. Ein Bild wäre natürlich auch wichtig.“ „Sie bekommen alles von mir per SMS und Whats app, dann rufe ich Sie sofort zurück.“ Jack hatte sein Team in allen Mobilgeräten hinterlegt. E-Mails, Bilder und Nummern, damit er immer jemanden verständigen konnte, auch wenn derjenige nicht liiert war.

„Verstanden.“ Kaum hatte Waitman aufgelegt, piepte es auf seinem Smartphone.

„Gut, ich habe alles bekommen. Sie sind doch auf dem Weg zu mir, richtig? Dann fahren Sie weiter, ich kontaktiere die Kollegen vom FBI.“

„Danke, gut! Ich denke, dass ich in zirka fünfzehn Minuten bei Ihnen sein werde.“ Dann legte Coleman auf.

Erst Jester, jetzt Thomsen, ging es Coleman durch den Kopf.
Seine Gedanken kreisten nur um seinen Mitarbeiter, während Jack sich zum wiederholten Mal die gespeicherte Nachricht anhörte. ′Sie üben Druck aus und wollen uns klein machen. Wenn Sie denken, dass ich meine Aufgabe deswegen aufgebe, haben sie sich getäuscht. ′Nicht mit mir. ′, ging es ihm durch den Kopf.

Thomsen′s Bewusstsein kam Stück für Stück zurück. Nun spürte er allerdings noch weitere Stellen an seinem Körper, die ihn schmerzten. ′Wo bin ich und warum ich? ′ dachte er. Er versuchte die Schmerzen auszublenden und sich auf die Situation einzustellen.

Dabei testete er seine Bewegungsfreiheit aus, die er leider als gar nicht mit null einschätzen konnte. ′Zum Glück bekomme ich gut Luft. ′, flüsterte er sich selber leise zu.

′Schritte! Es kommt jemand, es sind zwei. ′ Einer stand wohl hinter Ihm, der andere vor Ihm. Der Schlag, den ihn erneut einer von Beiden in sein Gesicht verpasste, hätte Thomsen fast wieder in eine Ohnmacht fallen lassen. Er spürte, wie sich Blut in seinem Mund sammelte. „Hey, wieder wach?“, ertönte eine Stimme kalt und aggressiv.

„Ja sie ihn Dir an. Er will spucken und zappelt wie eine Kakerlake bei Licht.“, witzelte der andere hinter Ihm.

„Thomsen, hörst Du mich?“ Klang es in seinen Ohren. Er überlegte, ob er antworten sollte. ′Mist, ich muss wohl ja sagen. Sie haben einhundert prozentig mein Bild auf meinem Führerschein erkannt. Auf Verwechslung machen brachte nichts, das waren Profis. ′, das wusste er.

Er nickte „ja, was wollen Sie von mir?“ Bei seiner Frage lief weiter Blut aus seinem Mund. „Pass mal auf.“, erwiderte einer von Ihnen. „Wir fragen, Du Antwortest. Falls Du schweigst oder lügst, kannst Du Dir sicher sein, dass Du am liebsten wider zu Deiner Mama in den Bauch krabbeln möchtest.“ ′Das war eine Ansage. ′, dachte sich Thomsen.

′Aber mal sehen, ob Sie sich mit halben Infos abspeisen lassen. ′, dachte sich Thomsen nochmals.

„Wo arbeitest Du?“, kam die erste Frage sehr scharf. „Ich denke das wissen sie doch oder?“ Kaum hatte er geantwortet, spürte er erneut einen schrillen Schmerz sowie ein Knacken. Dabei musste er schreien, er hatte keine andere Wahl. Der hintere von beiden hatte Ihm den kleinen Finger gebrochen.

Sterne sprangen im inneren seiner Augen.
Der Vordere sprach dabei seelenruhig weiter. „Hör mir zu, Du hast noch neun und unten zehn, aber die Oberen brauchst Du zum Arbeiten. Also wir hören?“

Thomsen erwiderte „Ich arbeite bei Jack Coleman eine Sicherheitsfirma.“

„Gott was wollt Ihr von mir?“

Gut kommen wir zur nächsten Frage, „was hast Du bei Sharon Hutton gesucht?“ „Ich, ich sollte eine Telefonleitung neu legen.“, erwiderte Thomsen.

Dabei kniff Thomsen die Augen unter der Maske fest zusammen. Er hatte die Lüge nicht einmal zu Ende gedacht, als an der anderen Hand von Ihm der zweite Fingerknochen kackend brach.

„So jetzt hör mal zu, wenn Du Stück alte Schieße denkst wir sind dumm, dann mach weiter so. Dann senden wir dich als rohes Stück Fleisch zurück.“ Sprach der vor Ihm stehende Killer gefühlskalt.

Die Schmerzen vom Gesicht und Kopf waren fast nicht mehr existent. So sehr schmerzten seine kleinen Finger. Es pochte in ihnen, wie sein Herz zurzeit raste.

„Hey, hörst Du mir zu?“ Sein nicken kam automatisiert, sein „Ja“, war mehr ein stöhnen, als eine wirkliche Aussage.

„Gut, also was hast Du dort gemacht?“ „Ähm, ich habe den Computer nach Programmen abgesucht, die zum Spionieren verwendet werden können.“ stöhnte Thomsen

„Streiche Ihm über den Kopf.“, erwiderte der Killer, der vor Ihm stand. „Gut und was hast Du entdeckt?“ „Nichts was auffällig wäre, ein paar einfache Virenprogramme, die sehr veraltet waren und nichts mehr machen.“, gab Thomsen wieder.

Diesmal kam von vorne ein Hieb in Bauch und Leber. Daraufhin übergab sich Thomsen, wobei ihm ein Mix aus Blut und Erbrochenem aus dem Mund lief. Er versuchte seine Beine an sich zu ziehen, was nichts brachte. „Hör gut zu, wenn Du nicht vollständig antwortest, machen wir hinten wieder weiter. Thomsen konnte darauf nicht mehr antworten er nickte nur.

„Wir lassen dich jetzt sechzig Minuten lang überlegen, ob Du weiter Bruce Willis spielen willst, oder ob Du hier wieder raus möchtest.“

Mehr als „ähh“, konnte Thomsen nicht mehr von sich geben. Selbst das Weggehen der beiden Killer war für Ihn nicht mehr heraus zu filtern. Sein Körper hatte einen so hohen Stress Level erreicht, dass er nur noch zitterte.

„Coleman bitte setzen Sie sich.“ Waitman war ein großer, sehr stabiler, gut gekleideter Mann Anfang fünfzig. Er war schwarz und hatte graue Haare, das war bei den Personenschützern öfter zu beobachten, dachte er sich. Er hatte auch schon einige solcher Typen bei sich angestellt. „Also ein Kollege vom FBI ist bereits unterwegs, aber ich habe trotzdem meine Kollegen drauf angesetzt. Das kann nicht schaden.“ sprach Waitman scharf.

„Wir haben seinen Wagen, den BMW. Die Capitol Police hat Ihn sichergestellt und im Straßengraben ein Handy gefunden. Damit erhärtet sich Ihr Verdacht Coleman. Woran arbeiten Sie gerade oder Er?“ „Mister Waitman zuerst einmal möchte ich mich bei Ihnen bedanken, dass Sie mir so helfen.“, entgegnete Jack. „Wir haben mehrere Fälle, aber ich glaube es hat mit Sharon Hutton zu tun.“ „Ach ja? Dort war das mit der Paketbombe?“ „Ja richtig.“, nickte Jack.

„Ich hatte Sie eigentlich aus einem anderen Grund zu mir gebeten, dem Tod von Agent Jester. Aber jetzt, werden wir erst einmal sehen, dass wir Ihren Mitarbeiter wiederbekommen."

Nach gefühlten Stunden vernahm Thomsen schwache Geräusche. ´Hatte man Ihn gefunden? ´ Als aber dann zu den Schritten keine Stimme seinen Namen rief, wusste er, dass es seine Peiniger waren. ´Zu früh gefreut´, dachte er sich. Dann wurde es Ihm plötzlich bewusst, ´ich werde hier sterben´.

„Pet Thomsen!" „Ja, ich sagen Ihnen alles, bitte nur keine Finger mehr. Bitte bitte." Bettelte er

„Siehe an, er hat gelernt.", kam wieder die Stimme von hinten. Thomsen´s Sinne waren zum Zerreißen gespannt, doch die Schmerzen wurden durch das Adrenalin gerade etwas weggenommen.

„Also gut, was hast Du gefunden was wir nicht schon wissen?", kam die Stimme von vorne.

„Ähm, also es war ein Programm, was es ermöglicht alles mitzulesen. Also bei E-Mails." Weiter kam nun wieder die Stimme von hinten, „was weißt Du darüber, woher kommt es? Und was weiß dein Chef Jack Coleman?" „Ich weiß es nicht. So weit war ich nicht. Ehrlich, bitte, bitte ich weiß es nicht." „Was weiß Jack Coleman?" Wurde die Stimme von hinten lauter und rauer.
Auch das weiß ich nicht. Bitte ich bin nur ein Computerfachmann, er spricht mit mir darüber nicht, nie!"

Es wurde leise, die Peiniger nickten sich zu. Das was Thomsen danach an Geräuschen vernahm, war das Durchlade-Klicken einer Automatik Pistole.

Den Knall konnte er nicht mehr hören.

Kapitel 11

„Coleman wir melden uns sofort bei Ihnen oder im Büro, also ich oder das FBI. Er hat keine Frau oder Freundin, die wir sonst verständigen könnten?“ „Nein, er hat einen Freund.“ „Ok.“, nickte Waitman. „Ich verstehe. Ich sende Ihnen seine Nummer und den Namen.“, gab Coleman mit einer Handbewegung an.

Jack drückte den Zigarettenanzünder tief hinein, wobei er an seinem Kaffee to go nippte. Er blickte in den Himmel und beobachtete dann spielende Kinder am Straßenrand. ′Wie einfach das Kind sein doch war. Ich schweife ab. ′ Mit diesem Gedanken holte er sich wieder in die knallharte Gegenwart zurück.

Mit dem Startknopf brachte er den Cayenne zum Atmen. Er prüfte sein Umfeld und ob jemand das Bedürfnis hatte Ihm zu folgen. „Ok, dann sehen wir mal wie gut sie sind, wenn sie mir folgen würden. Versuchen wir den Spieß umzudrehen.“ Der Straßenverkehr lies es zu, entspannt zu fahren.
Dabei prüfte er ständig seine Außenspiegel. ′Nur nicht verrückt machen lassen, euch bekomme ich schon. ′, dachte Jack sich.

„Ist die Leitung sicher?“ „Ja sie ist es.“, antwortete die Stimme am anderen Ende. „Wir haben nicht viel aus Ihm herausholen können.“ „Das dachte ich mir. Habt ihr ihn beseitigt?“ „Oh ja, so könnte man es nennen. Er schwimmt aber unterhalb der Wasserlinie.“, erwiderte Tells. „Also ich hoffe Ihr verbockt das nicht. Sonst hohlen wir uns ein paar andere.“, kam die Stimme scharf über den Hörer. „Nein Sir, wir ziehen das durch wie geplant.“ „Das will ich hoffen ihr zwei Experten. Wir prüfen den Laptop weiter.“, gab die Stimme scharf zurück.“ „Also weiter wie geplant, uns läuft die Zeit weg.“ Dann wurde der Hörer eingehängt.

Als Jack vor Sharon′s Haus parkte, wurde das Tageslicht wieder um elf Minuten kürzer. Mit einem kurzem winken begrüßte er sein Team in den Fahrzeugen.

„Jack komm rein.“, begrüßte Bill ihn mit einem Handschlag. „Sollen wir ins Büro?“ „Ja und das mit einem Kaffee.“, knurrte Jack. „Klar den mache ich Dir.“

„Setz dich doch.“, bot Bill Jack einen Stuhl an. Coleman nahm den Stuhl dankend an. Bill legte einen Schreibblock vor sich hin und stellte Jack den Kaffee vor seine Hände. „Ok, ich bin ganz Ohr.“ „Notieren musst Du nichts, aber ich bin fest davon überzeugt, dass Thomsen getötet oder entführt wurde.
Jack hielt Bill sein Smartphone hin und wählte seine Mailbox an. Bill hörte die Nachricht mit geschlossenen Augen an.

„Dazu kommt, dass sein BMW unweit von hier ohne Ihn gefunden wurde. Sein Telefon haben sie in den Straßenrand geworfen.“ „Zeugen?“ „Nein nichts.“, kam mit leiser Stimme von Jack zurück. Ich war schon beim FBI und der Secret Service hilft auch. Jack blickte tief in seine Tasse. „Wie geht es Ihr?“ „Gut denke ich. Ich habe nichts anders von Ihr gehört.“, gab Bill mit einem Lächeln zurück. Jack hob seinen Blick aus der Tasse zu Bill. „Ich muss Sie sprechen. Jetzt!“

„Ich rufe Sie an.“, erwiderte Bill. Jack nickte einverstanden.

„Ja bitte.“, kam die Stimme von Sharon durch den Hörer. „Entschuldigung Sharon, aber Jack ist hier. Er muss Dich sprechen.“ „Gerne. Er kann hochkommen, ich bin im Wohnzimmer.“ „Gut, ich richte es Ihm aus.“

„Guten Abend Sharon.“, blickte Jack Sharon ernst an. „Ich möchte dich nicht im Unklarem lassen, deshalb bin ich noch gekommen.“ „Jack, was ist passiert?“ „Bitte setz dich doch.“ Sharon liefen die Tränen über die Wangen, als Jack mit dem Bericht fertig war. „Bitte nimm.“, hielt Jack Ihr ein Taschentuch hin. Ihre blauen Augen wurden durch die Tränen noch größer. „Das alles wegen mir.“ „Nein, nein.“, erwiderte Jack scharf. „Nur wegen denen, die das Gesetzt irgendwo so stark brechen, dass Sie dabei über Leichen gehen.“

„Aber wir finden Sie und Du wirst weitermachen wie bisher. Sie versuchen mich in die Enge zu treiben, weil Ihnen das Wasser wohl bis zum Hals steht. Sie kommen an dich wohl nicht heran, daher nehmen Sie mich unter Feuer.“ „Jack es tut mir so leid, dass deswegen vermutlich schon zwei Menschen sterben mussten.“, schluchzte Sie. „Sharon, hör mir zu. Wir kaufen ein neues Laptop und ein neues Handy für dich. Somit schneiden wir Sie von den Quellen ab. Ich muss sie aus der Reserve locken.“

Sharon nickte, „einverstanden.“ „Moment, Moment.“ Coleman zog sein Smartphone aus der Lederjacke. „Ich hole mir Jenny ans Telefon, einen Moment bitte.“ „Guten Abend.“, klang es liebevoll und besorgt. „Geht es Dir gut Jack?“ „Jenny, es ist alles gut. Bitte veranlasse, dass morgen ein sehr gutes Laptop und Smartphone gekauft wird. Das gibst Du in die Technik. Sie sollen es bis abends fit und sicher bekommen.“

„Beide Geräte sollen nach Geheimdienststandard sicher sein. Dann gib es bitte Bill mit. Den Rest schreibe Ich Dir. Ich bin noch im Gespräch.“ Jenny wiederholte die Aufgabe Ihres Chefs. „Ja alles richtig.“, erwiderte Jack. „Danke Jenny.“

Sharon blickte Coleman traurig an. „Nur Mut Sharon. Nur Mut. lass dich nicht von deinem Weg abbringen.“ Dabei hielt Jack Sharon´s Hand, wie bei einem kleinen Kind. „Jack du hast recht!“, flüsterte Sharon. „Zu deinem Studiotermin morgen, komme ich mit. Ich werde im Studio warten.“ Sharon lächelte Jack glücklich über seine Aussage an. Dann zerschnitt die traurige Stimmung das Klingeln von Sharon´s Telefon im Wohnzimmer.

„Daddy wie gehts Dir? Wo bist Du?“ Die Stimme von Frank Hutton war, obwohl er nur am Telefon war, deutlich zu erkennen. „Kind ich bin auf dem Weg in den Osten na ja so die Richtung.“ „Schön, ich denke mal es wird Geschäftlich sein.“ „Oh ja, es geht um etwas Neues, aber ich will dich damit nicht langweilen.“ „Ach Daddy das tust Du doch nicht. Weißt Du wer grade bei mir ist?“ „Nein Kind, woher soll ich das wissen?“ „Jack Coleman.“ „Oh schön, ich hoffe es ist nichts Schlimmes?“, gab Frank zurück. „Ach weißt Du, gib Ihn mir doch gleich mal, dann spreche ich selbst mit Ihm.“ „Ja stimmt, das ist wohl das Beste.“

„Du hast doch morgen einen Termin beim Sender oder?“ „Ja, woher weißt Du das?“ „Na ja Kind, Du hast es mir doch vor ein paar Tagen selbst erzählt.“ „mhh Sharon schaute nachdenklich ja richtig, wie konnte ich das vergessen.“ Sharon lachte in den Hörer. Jack beobachtete Sharon. ´Schön, dass Ihre Tränen getrocknet waren´, dachte sich Coleman.

„Ok mein Kind, dann gib mir mal Coleman.“ „Na klar, ich reiche dich weiter Daddy. Guten Flug und viel Erfolg.“

„Jack für dich. Es ist mein Dad. „Ja Mister Hutton, Coleman hier guten Abend.“ „Guten Abend Mister Coleman, läuft es bei Ihnen oder benötigen Sie Hilfe?“

„Danke der Nachfrage. Nun ja, Sie wissen das ich ungerne über die Jobs spreche, aber Ihre Tochter hat einen mächtigen Gegner, der zurzeit auch mich und mein Team angreift.“ „Coleman, was soll das heißen?“, antwortete Frank scharf?“ „Können Sie meine Tochter noch schützen?“
„Mister Hutton, Sie können sich sehr sicher sein, dass wir das sehr gut können. Des Weiteren wissen Sie, dass ich eng mit staatlichen Stellen zusammenarbeite.“ „Gut Mister Coleman, ich verstehe das als ein Versprechen, das Sie es weiterhin können.“ Jack schaute Sharon ernst und mit scharfem Blick an. „Das können Sie.“, erwiderte Jack.

„Ich kontaktiere Sie, wenn ich von meiner Geschäftsreise zurück in die USA komme.“ „Gerne Mister Hutton.“ Daraufhin verstummte die Stimme und das Triebwerk Geräusch in der Hörmuschel.

„Er hat aufgelegt.“ Jack reichte Sharon den Hörer.

„Gut Sharon, ich habe noch ein paar wichtige Dinge vor heute Abend. Ich möchte dich jetzt nicht weiter stören.“ „Jack das tust Du nicht, das weißt Du genau.“ „Danke, aber ich bereite noch etwas vor.“ Somit verabschiedete sich Jack von ihr, indem er ihr die rechte Hand hinhielt, was sie erwiderte.

Jack fuhr ohne Verfolger nach Hause. Er schloss seine Haustür auf und streifte sich im Flur seine Pilotenlederjacke ab. Danach ging er gezielt in die Küche, griff in den Küchenschrank und öffnete sich einen guten Rotwein. Er Füllte sich ein Glas, bevor er die Flasche in den Schrank zurückstellte.

Dann nahm er am Schreibtisch in seinem Büro Platz, klappte den Laptop auf, zündete sich eine Zigarette an, zog den Qualm tief ein und nahm einen guten Schluck Wein. Er überflog die empfangenen E-Mails, antwortete dem einen oder anderen, oder sendete sie mit Kommentaren dazu weiter an Jennys E-Mail Fach.

Als er seine Zigarette ausdrücken wollte, sah er die ausgedruckte E-Mail, die vermutlich zum Tode seines Freundes geführt hatte.

Er tippte die Absenderadresse in die Suchleiste. Seine Gedanken kreisten und pochten dabei in seinem Kopf. Er nahm einen weiteren Schluck Wein aus dem Glas und fing an zu tippen. „Nein Mist, so nicht!“ fluchte er vor sich hin und löschte den Text wieder. Unschlüssig blickte er auf die leere Mail, wobei der Cursor wartend und geduldig auf dem Monitor blinkte.

Wenn er jetzt einen Fehler machte, konnte der so wichtige Kontakt von Sharon für immer verschwinden. Der aber auch für Ihn wichtig war, denn es war eine Quelle, die nicht reden konnte oder durfte. Dieser jemand war mit einigen Sachen wohl genauso wenig einverstanden, wie es die meisten von uns gewesen wären. Durch Sharon konnte er sich Luft von diesen Ungerechtigkeiten machen. Sharon war scheinbar seine Lösung, diese Tatsachen zu veröffentlichen. Er war auch in Lebensgefahr, wenn das herauskäme dachte sich Coleman.

Coleman schrieb in die E-Mail;

Jack Coleman hier,

wir haben eine gemeinsame Freundin, von der ich Ihre Kontaktdaten vertrauensvoll erhalten habe. Ihre E-Mail kostete meinem Freund das Leben. Sie werden mit Sicherheit den Mord auf offener Straße an der Ampel in W. D.C. aus den Medien mitbekommen haben. Ich habe Ihre letzte E-Mail an unsere gemeinsame Freundin gelesen und Ihre E-Mailadresse geheim gehalten.
Sie können sich auf meine Loyalität zu einhundert Prozent verlassen.
Ich brauche Ihre Hilfe und ich denke Sie können mir genauso hilfreiche sein, wie ich Ihnen.

Vertrauensvoll Jack Coleman.

Jack drückte die Sendetaste. Weg war sie, jetzt gab es kein Zurück mehr.

Nun hieß es warten, wobei sich Jack eine weitere Zigarette anzündete und einen weiteren Schluck Wein trank.

Er rieb sich sein Gesicht, indem sich die Sorgen und der Stress der letzten Tage eingebrannt hatten. Jack war Stress und Tod gewohnt, nur dieses Mal war es anders. Er hoffte, dass die Männer vom FBI oder Secret Service den oder die Täter finden.

„Verdammt! Verdammt!“

Die Ruhe in seinem Büro war fast erdrückend. Er hörte das Knistern seiner Zigarette und lass dabei zum einhundertsten Mal die Mail an Sharon. ′Verdammt, was sollte Sie damit anfangen? Wir brauchten mehr, damit können wir nichts anfangen. Das war sehr Explosiv, aber es reichte nicht aus. ′, ging es Jack durch den Kopf. Warum sendete er nur ein Beweisstück? Damit brannte zwar die Lunte, aber man konnte damit noch niemanden wirklich unter Verdacht nehmen. Nur für einen Skandal würde es ausreichen.

Dann plötzlich ertönte ein Piepen.

Eine neue E-Mail leuchtete auf seinem Monitor auf. ′Das ging schnell. ′ Coleman dachte nicht weiter und öffnete sie.

Hallo gemeinsamer Freund,

es tut mir sehr leid das ein Mensch der Ihnen nahe stand dafür sterben musste. Denken Sie nicht, dass ich das gewollt habe, im Gegenteil.

Es laufen zurzeit so viele dunkle Kanäle durch D.C., dass ich keinem mehr vertrauen kann. Wenn ich das getan hätte, wäre ich wohl bereits ebenso schon tot.

Ich dachte, dass unsere gemeinsame Freundin da mehr Glück hat die Wahrheit an das Licht zu bringen, aber auch Sie schwebt wie ich weiß in Lebensgefahr. Ihr Name sagt mir, dass es so ist.

Ich weiß, dass Sie jetzt mehrere Fragen an mich haben, die ich Ihnen leider noch nicht so detailliert beantworten kann.

Ich werde mit Ihnen in Kontakt bleiben.

Coleman schaute sich in seinem Büro um und versuchte sich selber eine Antwort darauf zu geben.

´Ok, er spricht von D.C. und das er keinem vertrauen kann. Das ist ein kleines Puzzlestück mehr. Für Jack roch es nach Partei oder gar der Regierung.

„Gut, ab ins Bett.“, sprach Jack zu sich selbst.

Kapitel 12

Die Sonne kämpfte sich durch die grauen Wolken, was die Aussicht darauf barg, dass es wohl ein schöner Tag werden würde.

„Guten Morgen Andre, Ihr seid vor Ort?“ „So ist es, Sie ist aufgeregt Jack.“ „Ja das denke ich mir. Megan soll nah dran sein, damit sie eine Frau bei sich hat.“, erwiderte Jack.

„Ich fahre ins Studio und nehme dieselbe Route wie Ihr von Sharon´s Adresse.“

„Ich rufe euch an, wenn mir etwas auffällt, beziehungsweise wenn ich alles vor Ort geprüft habe.“ „Gut bis gleich Jack.“

Jack legte das Smartphone in die Ablage und drückte den Startknopf, wonach sein Porsche scheinbar tief aufatmete und satt aufbrummte.

Kaum hatte er sich von seiner Wohnadresse entfernt, klingelte sein Smartphone. „Ja Coleman, ich höre.“ „Waitman, Guten Morgen Mister Coleman. Ich komme direkt zur Sache.“ Jack suchte sich eine Parklücke, um sich auf das Gespräch zu konzentrieren.“ „Die Wasserschutzpolizei hat Ihren Mitarbeiter Pet Thomsen in der Nähe des Ronald Reagon Airport im Potomac River gefunden, der dort angeschwemmt wurde. Es tut mir leid! Möchten Sie Einzelheiten?“ Jack knurrte „ja bitte.“ „Ok also so wie es augenscheinlich aussieht, wurde er gefoltert. Das hat mir das FBI telefonisch so weitergegeben. Und so wie es aussieht, wurde er zum Schluss durch einen von hinten ausgeführten Kopfschuss getötet.

Jack schluckte. „Coleman, sind Sie noch dran?“ „Ja, Ja Mister Waitman.“ Flüsterte Jack

„Danke, ich rufe zurück.“ Jack beendete das Gespräch. Sein Blick in den Straßenverkehr war leer und starr.

Jack wähle die Nummer von Andre, welcher den Anruf direkt entgegennahm.

„Du, es hat sich bewahrheitet!“ „Was denn?“, wollte Andre etwas verstört wissen.

„Thomsen ist tot, Sie haben Ihn im Fluss gefunden! Vermutlich gefoltert und von hinten erschossen.“ „Nein, ist das sicher Jack?“ „Ja sei Dir mal sicher.“ „Verdammt, diese Schweine.“, Andre tobte am Telefon. Er ließ seine Gesamten Schimpfworten freien Lauf.

„Hey Andre nun komm, konzentriere dich jetzt auf unseren Job. Die kriegen wir noch.“ „Ja du hast Recht Jack. Entschuldige.“ „Alles gut, ich fühle mich auch so. „Bitte informiere das Team, aber sorge dafür, dass Sharon nichts mitbekommt. Sie braucht einen freien Kopf jetzt für Ihren Beitrag in der Sendung.“
„Wird gemacht! Ich werde auf deinen zweiten Anruf warten.“

Jack zog seinen Porsche wieder in den Verkehr. ´Immer noch keine Verfolger. ´, dachte er sich als er vor dem TV Sender stand.

„Guten Tag Mister, wo hin möchten Sie?“, frage der Sicherheitsbeamte an der Zufahrtsschranke der CNN News. „Personenschutz Jack Coleman, wir sind angemeldet.“ „Oh ja, richtig. Nur der Porsche hier ist nicht gelistet. „Entschuldigen Sie bitte, das ist mein Fehler.“, entgegnete Jack, bevor er dem Beamten seine Wagenpapiere hinhielt.

„Danke sehr Sir. Sie sind hier gelistet. Bitte folgen Sie den Schildern CNN und dann Studio 30.“ „Eine Frage, mein Wagen mit der Schutzperson werden aber gleich nicht so lange gestoppt oder?“ „Nein Mister Coleman, die passieren den Check schneller.“ „Ok, danke sehr.“ Die Schranke öffnete sich und Jack gab dem Porsche mit einem leichten tippen den Befehl zum Laufen.

„30 CNN, da ist es ja." Jack parkte rückwärts ein. „Guten Abend.", begrüßte er den Sicherheitsmitarbeiter. „Jack Coleman, Sicherheit von Miss Hutton.", dabei hielt Jack den Ausweis gegen die Scheibe. Ein dumpfer Ton ertönte, wonach sich die Tür öffnete. Die Stimme des Sicherheitsmannes gab die Info an Jack „bitte warten Sie hier. Sie werden abgeholt."

Coleman nickte dem Sicherheitsbeamten freundlich zu und wartete, wie aufgefordert.

Nach zirka zwei Minuten kam dann ein jüngerer Mann auf Ihn zu, der seine Freude nicht verstecken konnte, denn er grinste wie ein Honigkuchenpferd.

„Guten Tag! Mein Name ist Tyler, ich bin der Betreuer von Frau Hutton. Ich hoffe Sie hatten eine gute Anreise?"

„Coleman, Guten Tag Tyler. Ich bin der Personenschutz von Frau Hutton, bitte zeigen Sie mir alle Wege, sowie Ihre Garderobe und das möglichst genau." „Oh natürlich ist es so schlimm bei Ihr Mister Coleman?", wollte Tyler wissen und schaute Coleman mit weit offenen Augen an. „Bitte, dazu möchte ich keine Angaben machen. Ich denke das können Sie verstehen."

Mit leicht verkniffenem Blick erwiderte der junge Tyler, „ja natürlich das verstehe ich natürlich.", was Coleman Ihm jedoch nicht glaubhaft abnahm.

Coleman folgte dem ständig quatschenden Tyler. Er plapperte in einem Stück „CNN hier, CNN da." Doch Coleman folgte ihm und filterte das Wichtigste für seinen Auftrag heraus, ohne sich beirren zu lassen.

„Und das war’s, fertig! Andere Wege muss sie nicht laufen und die Garderobe bleibt ja.“ „Gut, ich danke Ihnen, aber ich hätte gerne Sharon´s Garderobenschlüssel Tyler.“

Jack zog sein Smartphone aus seinem Sacco und wählte Andre´s Nummer. „Andre, nichts keine Baustellen keine Besonderheiten. An der Schranke keine Wartezeit. Es ist im CNN Studio 30 und mir ist keiner gefolgt.“ „Danke gut, wir fahren in fünf Minuten los.“, gab Andre zurück. Mein Funkgerät ist bereit, also könnt Ihr mich gleich darüber erreichen. „Gut! Bis gleich, Ende Jack.“

„Tyler entschuldige bitte, gibt es hier kein Kaffee?“ „Ja, wie hätten Sie Ihn gerne?“ „Mit Milch.“, gab Coleman zurück.

Die beiden Audis machten sich mit Sharon Hutton auf dem Weg.

Nach ein paar Minuten kratze es in Coleman´s Ohr. Andre versuchte die Funkstrecke zu prüfen. „Kommandoführer für Dream Liner, bitte kommen.“

„KF hört, Dream Liner kommen.“ „Wir sind zirka viel Kilometer vom Ziel entfernt.“

Jack nahm einen guten Schluck aus der Tasse die Tyler ihm gebracht hatte. Mittlerweile hatte sich Coleman von außen an die Türe gestellt. „Gut, verstanden Dream Liner.“ Coleman hatte die Tasse Kaffee fast leer getrunken, als es zum wiederholten Mal in seinem rechten Ohr zischte. „Kommandoführer für Dream Liner kommen!“ „KF hört.“, erwiderte Coleman.

„Wir sind an der Schranke. KF Ende.“ Coleman nahm den letzten Schluck seines Kaffees, als er plötzlich einen lauten Knall hörte. „Verdammt das war ein Gewehr. Dream Liner kommen.“, rief Jack in sein Micro.

Die Patrone durchschlug mit einer solch starken kinetische Energie in Sharon´s Audi A8 ein, wobei sie die Rückenlehne von Anderes Fahrersitz traf, der buchstäblich zerfetzte. Dank seiner Ballistischen Schutzweste, die Andre trug, konnte er den Audi noch Händeln.

Sharon blicke mit weit offenen Augen auf den Fahrersitz und sah schockiert dabei zu, wie dieser anfing zu brennen. Ihr gefror das Blut in Ihren Adern. Megan rief in den Fond runter, „Flach machen Sharon sofort." Andre zog das Lenkrad nach rechts, um wieder auf die normale Straße zu kommen, wobei Gene ihnen folgte, ohne zu wissen, was passiert war.

Er hatte den Knall in seinem Gepanzerten A8 nicht hören können.

Kurz darauf knallte es zum zweiten Mal. Diesmal durchschlug das Projektil die Gepanzerte Heckscheibe von Sharon´s A8, was Gene nun deutlich sehen konnte. Jetzt war Ihm klar, dass Sie angegriffen worden waren. „Kommandoführer Dream Liner Gene hier, wir sind unter Feuer! Ich wiederhole, wir sind unter Feuer."

Megan zog ruhig den Feuerlöscher aus der Halterung und hielt es auf die Rückenlehne von Andre´s Fahrersitz. Ein Stoß und der kleine Brand erlosch.

Megan rief Sharon zu, „bist Du ok?" „Ja, ja.", antwortete Sharon mit zittriger Stimme. Andre beschleunigte seinen Audi auf einhundertvierzig Km/h in der Stadt. Gene deckte mit seinem Audi den voranfahrenden Wagen so gut es ihm möglich war. Jack Antwortete währenddessen, „Gene Verstanden. Macht, dass Ihr wegkommt. Habt Ihr Verluste?" Da blockte sich Megan in das Gespräch ein und bestätigte „Nein, keine Kommandoführer drei plus eins, Ende." Die Sicherheitsbeamten an der Schranke hatten den Angriff mitbekommen und riefen sofort die Polizei.

Coleman, der schon in seinem Porsche war, zog sein Smartphone aus seinem Sacco. „Megan, was ist passiert?“ „Jack verdammt ich weiß es nicht. Wir haben einen Treffer, der wohl oberhalb der hinteren Türe rechts eingeschlagen ist. Den Zweiten durch die Heckscheibe. Ich weiß nicht, wie die die Panzerung durchschlagen konnten.“ „Sharon ist ok?“, brach Coleman in Megan´s Erklärung ein. „Ja, sie ist unverletzt!“ „Ok, wohin fahrt Ihr?“, fragte Coleman. Megan schaute zu Andre rüber, der sich durch den Verkehr kämpfte, aber wieder deutlich langsamer wurde. „Wir fahren zum nächsten Krankenhaus, das George Washington University Hospital, es liegt hier jetzt in der Nähe.“ „Ok.“, erwiderte Coleman. „Wir treffen uns da.“

Die beiden Audis steuerten direkt die Notaufnahme an.

Megan packte sich Sharon „Komm raus komm!“, während Gene Sharon von hinten abdeckte, aber es folgte Ihnen keiner.

Andre öffnete die Türe, schnallte sich ab und fiel beim Aussteigen auf den Boden. Die Energie, die der Einschlag noch hatte, hatte Ihn wohl innerlich verletzt. Die beiden Leibwächter erklärten den Schwestern, was passiert war, die daraufhin sofort einen Arzt verständigten. „Bitte hier, legen Sie sich hin.“, gab die Krankenschwester an Sharon weiter.

Auch Coleman kam an der Notaufnahme an. Sein Blick viel sofort auf den am Boden liegenden Andre. Coleman legte seine Hand an die Waffe. Er konnte die Situation noch nicht erkennen. „Andre was ist los?“, schnaubte Coleman.

„Alles ok Jack, es besteht keine Gefahr.“ Jack atmete durch, „was ist passiert?“
„Warte, wir holen eine Trage.“ Nach nur einer Minute kam Coleman mit zwei Sanitätern zu Andre zurück.

Coleman nutze sein Funkgerät, auf das Megan ruhig antwortete. „Wir sind in der Röntgenabteilung, nur zu Sicherheit.“ „Gut, ich komme gleich hoch.“

Jack konnte von weitem die Sirenen der Polizei hören und blicke sich seinen Audi an.

Während seiner Begutachtung, stellte er fest, dass der Einschlag mit Sicherheit von einem M82A1 Gewehr mit DU-Munition abgefeuert sein musste. Eine 30 oder 50 Millimeter wäre seines Erachtens wahrscheinlich stecken geblieben oder von der Panzerung abgeprallt. ´Wer bekommt Uran Munition? Das bekommen Zivilisten nicht mal unter der Ladentheke so einfach gekauft´, dachte er. Coleman zündete sich eine Zigarette an, als der erste Polizist auf Coleman zukam. „Haben Sie was mit dem hier zu tun?“ „Ja, das habe ich leider.“, erwiderte Coleman dem nervösen Polizisten mit gezogener Waffe.

Mittlerweile leuchteten und tanzten die Blau-Roten Lichter den ganzen Hof der Notaufnahme aus. Die Polizei von Washington war mit vielen Wagen eingetroffen.

„Officer kontaktieren Sie bitte Mister Waitman vom Secret Service und nennen Sie in dem Zusammenhang meinen Namen Jack Coleman. Bitte hier sind meine Papiere.“

Der Polizist nahm die Papiere und zog sich zurück, zwei andere beobachteten Coleman weiter.

„Würde einer von Ihnen mir bitte folgen, bitte ich muss da jetzt rein.“ Der eine der beiden nicke Coleman zu. „Sicher gehen Sie.“

„Sharon bist Du ok?“ Sharon´s Augen füllten sich mit Tränen als Sie Coleman sah.

„Nur ein Schreck, na ja oder ein Schock meinte der Arzt.“ „Gut. Es tut mir leid, dass Du das erleben musstest.“ Jack sah sich Sharon und seine beiden Mitarbeiter sorgenvoll an. „Seid Ihr Ok?“ Beide nickten Jack lächelnd zu. „Oh ja, sind wir.“ Jack klopfte Megan und Gene auf die Schultern. „Wo war der Schütze habt Ihr etwas sehen können?“

„Nein, der Schuss Nummer eins kam an der Schranke, als wir gerade mehr oder weniger im Begriff waren einzufahren, der Zweite als wir die Flucht gestartet hatten.“, beschrieb Megan Jack die Situation. „Gene und bei Dir?“

„Den Ersten habe ich nicht bemerkt, der Zweite, der durch die Heckscheibe kam, habe ich dann mitbekommen. Andre hat beim Ersten sofort reagiert.“ „Gut, danke Gene.“

„Nun, Andre ist leider nicht gut drauf. Er lag auf dem Boden, als ich kam.“ Megan öffnete Ihre grünen Augen weit, „wieso, er hatte doch nichts, er fuhr uns hier hin als wäre nichts.“ Gene starrte ernst auf den Boden.

Ich habe den Sitz und das Loch in der Karosserie gesehen. „DU-Munition, da bin ich mir sicher.“ Gene ging sich über seinen Bürstenhaarschnitt. „Woher bekommen die so etwas?“ „Ich weiß es nicht Gene, das ist Militärstoff.“, erwiderte Coleman sorgenvoll.

Jack starte auf den Krankenhausboden, während in seinem Kopf Bilder wie einem Film abliefen. „Die werden keine Spuren hinterlassen haben. Ich sehe mir mal die Bilder der Kameras der CNN Schranken Wache an.“

„Bleibt bitte beide bei Ihr, ich suche Andre.“ Beide nickten Jack zu.

Kurze Zeit später zeigten Sharon´s Beruhigungsmittel ihre Wirkung, denn sie hatte die Augen zu.

„Andre, wie geht’s Dir?“ „Jack, Jack, es ist alles gut. Die Ärzte sagen, es ist nur eine Prellung am Rücken.“ „Sicher?“, erwiderte

Jack mit scharfem Blick. „Wirklich Jack.“, antwortete Andre selbstsicher. „Ok, ich hoffe das es nur eine Prellung ist. Ich möchte dich wieder Fit haben.“ „Jack, du kennst mich doch.“, grinste Andre.

Coleman sah in seinen Augenwinkel einen Arzt an Ihnen vorbeikommen und sprach ihn an. „Entschuldigen Sie, ich habe eine für Sie seltsame Frage.“ „Fragen Sie ruhig Mister.“ „Sie haben doch bestimmt ein Geigerzähler oder so etwas hier im Krankenhaus?“ „Ja natürlich.“, erwiderte der Arzt und schaute Ihn weiter fragend an. „Coleman, mein Name. Entschuldigung das ich mich nicht vorgestellt habe, ich brauche den hier und jetzt.“ „Portman, freut mich Mister Coleman aber, wozu das?“ Portman schaute Coleman ungläubig an.

„Ich erkläre es Ihnen, wenn Sie mit dem Gerät vor die Notaufnahme kommen.“ „Gut, ich komme dort hin.“, erwiderte der Arzt.

„Ja Jack, du könntest recht haben, dass macht Sinn.“, gab Andre dazu mit schmerzverzogenem Gesicht. Er hatte die Gedanken von Coleman nachvollziehen können.

Coleman kam nach draußen, wo ihn bereits der US Secret Service erwartete. Waitman war persönlich gekommen. „So mein lieber Coleman, jetzt möchte ich, dass Sie mir mal erzählen, was da los war und passiert ist.“ „Mister Waitman, wenn Sie mir eine Minute geben, dann werden Sie Augen machen, denn das was ich denke ist ein sehr wichtiger Punkt für die Ermittlungen.

Waitman schaute Coleman skeptisch an. Dann kam der Arzt mit dem Geigerzähler hinzu. „Oh man, was ist denn hier los?“, sprach der Atzt fragend in die Runde.

„Bitte folgen Sie mir zum Wagen Mister Portman. Können Sie den Geigerzähler bedienen?“ „Ja natürlich, ich arbeite in der Radiologie.“

„Bitte Doc, Mister Portman, prüfen Sie das Eintrittsloch und den

Fahrersitz.“ „Coleman ich weiß worauf Sie hinauswollen. Uranmunition um genau zu sein, DU-Munition.

„Richtig Mister Waitman, meine Audis sind sehr gut gepanzert, aber mit einem M82 beispielsweise und der DU-Munition sehen wir hier das Ergebnis.“

Der Geigerzähler schlug aus und bestätigte Coleman´s Vermutung.

„Gut, der Wagen wird mitgenommen. Hoffentlich findet die Spurensicherung von uns etwas. Ihre Mitarbeiter und der Dame geht es gut? Ich denke Sie war doch da drin?“ „Ja so weit, Sharon ist mit dem Schreck davongekommen.“ „Gut, das freut mich zu hören. Die Beteiligten müssen eine Aussage beim FBI machen, was auch hier gleich eintreffen wir.“ Inklusive der Presse.

„Mister Coleman, brauchen Sie mich noch?“, fragte der völlig verwunderte Arzt Jack. „Nein, ich danke Ihnen vielmals für Ihre schnelle Hilfe.“ „Und Sie haben nichts gesehen oder gehört.“, ergänzte Waitman den Satz von Coleman, wobei er dem Arzt seinen Ausweis vorhielt.

„Selbstverständlich.“, erwiderte der Arzt, aber die im Wagen betroffenen Personen müssen nochmals anders medizinisch untersucht werden. Ich veranlasse das.“

Doktor Portman gab beiden die Hand.

„Mister Waitman geben Sie mir mal bitte fünf Minuten?“ Waitman nickte Coleman zu, wie ein Vater seinem Sohn.

Coleman schloss die Türe hinter sich. Die Ruhe im Auto war beruhigend. Er betrachtete sich im Rückspiegel. „Man das war knapp. Diese verdammten Arschlöcher, da hatten wir verdammtes Glück heute.“ Die Zigarette qualmte in seiner Hand vor sich hin, während die Sonne langsam hinter dem Horizont versank und es dunkel wurde.

Coleman rief seine Sekretärin an. „Guten Abend Jack.“ „Den wünsche ich Dir auch Jenny, lief alles im Büro?“ „Ja, ich habe alles erledigt, was Du mir zu gesendet hast.“ „Gut, bitte ruf Rick an, er soll ein Taxi nehmen und einsatzbereit zum George Washington University Hospital kommen. Andre fällt aus.“

„Was ist denn um Gottes willen passiert?“

„Das erkläre ich Dir später, ich muss hier noch vieles erledigen. Bitte kümmere Dich darum.“ „Ja natürlich Jack.“, erwiderte Jenny und erklärte ihm, dass sein BMW wieder vor dem Büro stand.

„Danke Dir.“, damit beendete Coleman das Telefonat.

Waitman kam an Coleman´s Porschetüre und klopfte, „ist alles wieder ok Mister Coleman?“

„Ja danke, ich habe einen neuen Kollegen herbestellt. Ich benötige Ersatz für den verletzten Kollegen. Sie werden den Audi jetzt abschleppen oder?“ „Davon können Sie ausgehen.“ Jack legte seine Stirn in Falten. „Ich muss noch ein paar Sachen umladen und dann hoffe ich, Sie finden etwas.“

„Soll ich Ihnen den Voll Fall erzählen, den mir meine Mitarbeiter geschildert haben, oder möchten Sie die vier selber noch einmal befragen?“ „Nein lassen Sie nur, ich werde Sie sowieso befragen lassen. Es ist zwar kein Fall des Secret Service, aber wir werden ebenso ermitteln, alleine schon wegen Agent Jester.“

Jack nickte erleichtert. „Entschuldigen Sie, aber ich muss mich wieder um meine Schutzperson kümmern.“ „Natürlich machen Sie ruhig.“, gab Waitman zurück.

„Ok Ihr beiden, was sagt der Arzt?“ Megan´s Antwort kam wie aus der Pistole geschossen. „Also es ist Radioaktiver Staub von Sharon und mir eingeatmet worden. Aber Glück im Unglück war, das durch die Zerstörung der Scheiben, die Luft im Inneren abgezogen wurde.

„Die Werte sind also harmlos. Was mit Andre ist weiß ich nicht.“ „Gut, gut, zum Glück.“, gab Coleman zurück. „Ja, da kann ich froh sein das ich im anderen Wagen saß.“, witzelte Gene schon wieder in Anbetracht der Situation.

„Also Rick kommt als Verstärkung und dann werden wir Sharon zurückbringen.“ „Coleman sprach den Satz leise aus, so als ob man Ihn abhören würde.

„Wenn die Ätzte grünes Licht geben natürlich.“, ergänzte Gene.

„Sie dürfen gerne hinein gehen.“, gab die Schwester, die aus Sharon´s Krankenzimmer kam, den drei wartenden Leibwächter als Antwort, ohne dass die drei Sie gefragt hatten.

„Jack, ich glaube Du gehst erst einmal alleine rein wir warten hier.“ Jack nickte Gene einverständlich zu.

„Jack ich darf wieder raus.“, lächelte Sharon Coleman an, als er das Zimmer betrat. „Das freut mich. Zum Glück, ich bin so froh, dass nicht mehr passiert ist.“, lächelte er Sharon an.

„Es konnte eigentlich gar nicht sein, dass man die Panzerung deines Audis so einfach durchschlagen konnte.“ „Es tut mir sehr leid Sharon, aber die Munition die man hier verwendet hat, haben nur Militärs.“ „Jack bitte, ich weiß das Ihr sehr gute arbeitet leistet. Jeder Panzer hat eine weiche Stelle, das ist mir sehr wohl bewusst. Das hat mein Vater mir als Kind schon erzählt.“

„Er muss es ja wissen, er produziert solche Produkte.“
„Ich weiß.“, erwiderte Jack leise.

Kapitel 13

„Verdammt Tells, wo hast Du schießen gelernt?“, schäumte Mario vor Wut.

„Da wo Du es auch gelernt hast.“, gab Tells sauer zurück. „Die haben fast gestanden, wie kannst Du dann vorbei…, na egal das erklärst Du.“

„Hier ruf an!“ Mario hielt Tells das leuchtende Smartphone hin.

„Die Leitung ist sicher.“, gab die Stimme am anderen Ende der Leitung zu verstehen. „Es tut mir leid, ich habe das Ziel verfehlt.“, antwortete Tells dem Unbekannten am anderen Ende. „So haben Sie das? Ich habe es bereits in den achtzehn Uhr News gehört. Sind Sie völlig außer Kontrolle? Die Leiche wurde auch noch dazu am Airport Ufer gefunden.“

„Wie können Sie sich so eine Position aussuchen?“, schnaubte die Stimme. „Äh…“, stotterte Tells. „Wir sollten verhindern, dass Sie etwas in den Nachrichten von uns preisgeben konnten.“ „Ja, Sie Idiot. Aber jetzt steht Sie noch mehr im Fokus als bisher. Auch das FBI ist neugierig geworden. Sie wird an Ihren Recherchen weiterarbeiten denn Sie weiß, dass Sie etwas Heißes in Ihren Akten hat.“

„Also hören Sie zu. Sie haben noch eine Chance, dann werde ich euch beide… ach egal. Noch eine Chance, überlegt euch wo, wie, was, es wird nicht leichter jetzt. Ende!“

Das Gespräch war zu Ende, wonach Tells Mario anschaute und nickte, als ob der Anrufer das hätte sehen können, um zu bestätigen, dass er Botschaft verstanden hatte.

„Du musst mir nichts sagen! Es war nicht zu überhören, aber hast es verdient, nur ich will darunter nicht leiden.“, ergänzte Mario seinen Satz.

„Also planen wir dieses Mal richtig!“

Als Sharon sich in Ihren Sessel fallen ließ seufzte sie. „Zuhause, endlich! Jack, bitte setze dich doch auch.“

Jack nahm Platz und dachte über die Presse vor der Tür nach, was ihm nicht gefiel. „Sharon, bitte gebe denen keine Informationen. Nur kurz per E-Mail, dass es Dir gut geht.“ Sharon stand wieder auf und ging an Ihren Schrank, wo sie drei Umschläge herausnahm. Dann ging sie zu einem kleinen Schreibtisch, zog eine Schublade auf und fing an zu zählen. In jeden der drei Briefe kam dasselbe hinein, danach klebte Sie die Umschläge mit Sorgfalt zu und beschriftete sie.

„Hier bitte Jack, bitte gib diese an die drei Andre, Megan und Gene. „Danke das werde ich gleich morgen früh tun.“

„Und keine Sorge Jack, nur CNN muss ich etwas mehr geben. Immerhin ist die Sendung geplatzt.“

„Wie funktioniert der Laptop denn?“ „Gut Jack. Er ist anders, aber er ist schön.“ „Damit sind deine E-Mails sicher.“, erwiderte Coleman. „Oh meine E-Mails sollte ich mal abrufen.“ In diesem Moment klingelte Jacks Smartphone. „Mister Hutton guten Abend.“ „Coleman, was ist passiert und wo ist meine Tochter?“ kochte die Stimme von Frank Hutton „Sie sitzt mir gegenüber.“ „So so.“, erwiderte Hutton. „Geben Sie sie mir.“ Coleman hielt Sharon das Gerät wortlos hin.

„Sharon, Kind ist alles ok? „Ja Daddy, mir geht es gut!“ „Wirklich?“ „Ja. Jack und seine Kollegen konnten gar nichts machen, dennoch haben sie sehr gut reagiert.“ „Na ja.“, kam es nicht überzeugend von Frank Hutton zurück.

„Gut, gib mir bitte Coleman." Coleman streckte schon seinen Arm aus, denn er konnte das Gespräch zwischen Sharon und ihrem Vater kaum überhören. „Ja mache ich. Bye Daddy."

„Sie rufen mich später noch mal an Mister Coleman ich will wissen wie sowas passieren konnte." „Das werde ich Mister Hutton." Dann war die Leitung wieder tot.

„Entschuldige bitte Jack, ich weiß, dass Ihr nichts machen konntet. Er ist halt mein Vater."
Coleman nickte nur. „Gut, dann lass mich meine E-Mails mal prüfen." Sharon sprang auf wie ein Fisch im Wasser.

„Jack möchtest Du etwas trinken, solange du wartest?" „Das ist eine tolle Idee.", erwiderte er. „Ich nehme mir schon etwas, möchtest Du auch einen?"

„Ja gerne, wie immer." Coleman mixte Sharon einen Gin Tonic und machte sich einen Wodka auf Eis. „Jack ich habe wieder eine neue E-Mail." „Von Deinem Kontakt?", fragte Coleman nach. „Richtig eine von ihm."

Jack stelle Sharon den Drink vor Ihr auf den Tisch. Sharon drehte Ihren Laptop um, sodass Jack mitlesen konnte.

Guten Tag Sharon, Mister Coleman,

Ich weiß das Sie beide diese E-Mail lesen.

Ich habe natürlich von dem Attentat heute gehört und hoffe, es ist keiner zur Schaden gekommen!

Sharon, Du bist auf dem richtigen Weg, Du solltest dich mehr mit dem Thema Indien beschäftigen, wo es um die Firma geht. Es ist von uns, aber anders als man vermutet. Ich weiß, dass ein Flug dorthin für Jack in kleinster Weise aus Sicherheitsgründen in Frage kommt.

Aber die Wahrheit ist von hier aus zu finden.

Die Attentäter vom heutigen Anschlag sind US- Amerikaner.

Ich wünsche Euch einen sicheren schönen Abend.

„Sharon was hast Du zu der Firma in Indien?“, schaute Coleman Sharon fragend an.

„Einen Moment.“, erwiderte Sharon. Das was ich alles zusammengetragen habe, ist in dem Ordner hier. Sie zog einen Ordner hervor, der auf dem Boden stand.

„Sind Konten oder Bankdaten dabei?“ wollte Coleman wissen und nahm einen Schluck von seinem Drink. Sharon hielt Coleman den Ordner hin, „hier bitte schau.“

Er nahm die Unterlagen neugierig an sich und fing an zu lesen, was Sharon dort notiert hatte. Er blätterte weiter und sah sich die ausgedruckten Bilder und E-Mails genauestens an. „Ist das die Einzige Firma die gebaut wird, oder haben Sie noch mehr auf der Welt?“, schaute Jack Sharon fragend an. „Diese Frage habe ich mir auch schon gestellt Jack. Bis jetzt habe ich dazu nichts gefunden oder als Info erhalten.“ „Man müsste wissen, welche Maschinen dort hin geliefert werden und ob überhaupt welche dort hinkommen.“

„Das habe ich mich auch schon gefragt, aber es ist sicher, dass die USA respektive US Firmen das ganze beliefern? Das ist sicher?“ „Ja Jack, siehe hier.“

Sharon blätterte weiter, „hier schau.“ „Ja stimmt, dass sind US Firmen, zumindest in den USA gelistet. Aber das ist zu wenig. Das ist noch kein Grund jemanden… Du weißt schon.“ Sharon nickte mit traurigem Blick.

„Hast Du mal nachgesehen was die auf Ihren Internetseiten anzeigen?“

„Ja, die einen sind Finanzexperten und die anderen machen Beratung für Chemieprodukte, beispielsweise für Plastik.“ Jack rieb sich seinen Dreitagebart. „Hast du dort mal angerufen?“ „Noch nicht.“, erwiderte Sharon. „Ich wollte sie nicht wach rütteln.“ „Wo sitzen die Firmen laut Internet, Sharon?“

Eine sitzt in Alaska, die andere in Texas und Nevada.

„Bitte gib mal die Adresse von der Firma in Alaska bei Google Maps ein.“

Sharon tippe auf Ihrem neuen Laptop die Daten ein. „Habe ich und jetzt?“, schaute Sie Coleman fragend an. Jetzt öffne die Karte und gehe auf die Straßenansicht. „Das ist eine kleine Büroadresse in einem Supermarkt am Stadtrand. Hast du Dir mal die Umsatzzahlen angesehen.“ „Ja das habe ich. „„ erwiderte Sharon.

„Und?“. Fragte Coleman, wobei er die Stirn runzelte. „Na ja die Firma ist dieses Jahr erst mit einer Stammeinlage von eintausend US Dollar gegründet wurden.“, erwiderte Sharon.

„Und die anderen?“, schaute Jack Sharon neugierig an. „Genau dasselbe, wie bei der in Alaska. Also ich habe alles ermittelt was ich aus dem Internet herausfinden konnte. Ich wollte noch eine Anfrage bei Gewerbeamt machen. Die Geschäftsführer wollte ich heute prüfen.“

Jack nahm mit Sharon gleichzeitig ein Schluck von ihren Drinks.

„Sharon, ich denke ich weiß wer dahintersteckt.“ Sharon blicke Coleman fragend mit ihren großen blauen Augen an. „Wer?“

„Ein Geheimdienst CIA, NSA oder einer, den wir nicht einmal vom Namen her kennen. Jedenfalls riecht es sehr streng danach. Bitte gehe nicht mehr auf deren Internetseiten. Ich denke Du weißt warum.“ Meinst Du?“, erwiderte Sharon. „Ich kann es mir gut vorstellen.“, gab Coleman zurück.

„Aber warum sollten sie Dir nach dem Leben trachten?“ „Wenn meine Vermutung zutreffen sollte, aber die E-Mail, die Jester tötete und Thomsen jetzt, riecht nach ganz großem Dreck. Es könnte sehr gut passen. Die Munition und wo Sie es versucht haben, zeigt schon ein Muster.“ Eiskalt und mit Rückendeckung und viel Geld dahinter.

„Thomsen ist tot?“ Blickte Sharon Coleman fragend an. „Wann und wie ist das passiert?“ „Ich wollte es Dir vor deiner Sendung nicht sagen. Tut mir leid.“ „Aber er wurde getötet?“, erwiderte Sharon aufgeregt. „Ja, das Loch in seinem Hinterkopf lässt keinen Zweifel aufkommen.“

„Jack Sie werden mich töten!“ Sharon blicke auf den Ordner, wobei Ihr Tränen übers Gesicht liefen. „Nein Sharon, das werden Sie nicht! Das verspreche ich Dir.“ Coleman nahm Ihre Hand und hielt sie fest. „Es wird keiner mehr an Dich rankommen bis die Täter gefasst sind.“

„Ich denke ich weiß jetzt wie die anderen Spielen und das kann ich auch.“ Sharon blickte Jack mit einem Wechselbad der Gefühle an und schluckte.

Ihr Mund war trocken, weshalb Sie einen Schluck von Ihrem Drink nahm, indem inzwischen kein Eis mehr vorhanden war.

Kapitel 14

Zuhause angekommen legte sich Jack auf seine Couch, die immer noch aussah, als wäre Sie in einem Möbelhaus ausgestellt. Coleman wählte die Nummer von Frank Hutton, während er seine Schuhe auf den Boden fallen ließ. ′Endlich dachte er. ′

„Hutton.“, klang es scharf am anderen Ende der Leitung. „Coleman Mister Hutton, Sie baten später um Rückruf, was ich hiermit mache.“

„So dann erzählen Sie mal Sie Super Bodyguard. Coleman merkte das Frank Hutton ihm auf zynische Art kommen wollte, um Ihn aus der Reserve locken wollte.

Coleman Berichtete den Vorfall klar und sachlich und dass nun auch alle Teams der Verbrechensbekämpfung der Stadt Washington im Boot waren. Das sogar das FBI und der Secret Service in den Fall seincr Tochter ermittelten.

Hutton antwortete schnippisch. „Sie meinen, dass die alle meine Tochter schützen?“ „Nein das mache ich.“, erwiderte Jack. „Das habe ich gesehen.“, erwiderte Frank Hutton scharf. „Mister Hutton, damit Sie sich ein besseres Bild der Lage machen können, sehen Sie sich den Bericht des FBI an, ich denke dann werden Sie Ihre Art mir gegenüber noch einmal überdenken.“

„Mister Coleman, Sie wissen wer Sie bezahlt.“ „Ja das weiß ich Mister Hutton.“, gab Coleman scharf zurück.

„Das gibt Ihnen aber nicht das Recht an meinem können und an meinem Team zu zweifeln. Ich werde Ihnen die Täter liefern, solange Sie mir gegenüber loyal sind. Denn Ihre Tochter ist es. Und nun möchte ich das Gespräch beenden, Mister Hutton.“

Frank Hutton schwieg für einen Moment, „gut Mister Coleman. Machen Sie ab jetzt keinen Fehler mehr.“ Coleman verdrehte die Augen, ′er mag ein guter Geschäftsmann sein, aber Himmel. ′, dachte sich Coleman.

„Und seinen Sie sicher, ich werde die Akten einsehen. Darauf können Sie Gift nehmen, Mister Coleman.“

„Machen Sie das Mister Hutton. Auf Wiederhören.“

Jack sprang von seiner Couch auf. ′Erst einmal etwas essen, das kam in der letzten Zeit viel zu kurz. ′, dachte er sich.

Er stellte sich sein Essen auf den Tisch, während er seine E-Mails in seinem Smartphone anschaute. ′Erst einmal Jenny informieren, damit das Mädchen sich weniger Sorgen macht. ′

′Ob Andre noch wach ist? ′, fragte er sich und sendete auch Ihm eine Nachricht.

′Gut das die Projektleitung jetzt im Aktiven Einsatz ist. ′, dachte sich Coleman

′Rick musste auch mal wieder raus, damit hatte das Ganze auch wieder etwas Gutes. ′

Viele Gedanken kreisten in seinem Kopf. ′Eins zum anderen Jack, das Geheimnis wird schon gelüftet. ′, beruhigte er sich selbst. Früher hatte er alle diese Gedanken geteilt. „Du fehlst mir immer noch und immer und immer wieder.“

Jack starrte auf eines der letzten gemeinsamen Bilder, welches in einem Rahmen auf seinem Sideboard stand und Ihn jeden Tag an Sie denken lies.

´So jetzt eine Dusche, dann in das Bett. ´ Seine Omega bestätigte es ihm einmal wieder. Es war bereits wieder viel zu spät.

Am nächsten Morgen wurde Coleman von einer geschlossenen Wolkendecke begrüßt.

Das nächste, was er an diesem Morgen erblickte, war eine E-Mail vom Secret Service. Mister Waitman hatte Ihm einen zusammenfassenden Bericht vom Tod seines Mitarbeiters Thomsen zukommen lassen. Zudem wurde der Einsatz von DU-Munition bei dem letzten Anschlag durch das FBI und dem Secret Service bestätigt.

´Klasse das brauche ich morgens. ´, dachte er sich.

Coleman setze sich an seinen Tisch. Die zweite Tasse Kaffee dampfe neben seinem Laptop. Er hielt es für seine Pflicht die Teams, die mit dem Schutz von Sharon Hutton betraut waren, zu Informieren woher die Gegner zu kommen schienen. Des Weiteren nahm er sich vor, alle in seiner Firma über den Tod von Pet Thomsen zu informieren.

Die E-Mail zum Tod seines Mitarbeiters zu lesen, viel Ihm nicht einfach. Dadurch kamen immer wieder die Erinnerungen an seinem Freund Jester auf. Doch das Klingeln seines Smartphones riss ihn förmlich aus seinen Gedanken.

„Coleman, Jack? Bill hier! Guten Morgen, wir haben gerade die Info erhalten, dass Mister Hutton mit Sharon am Wochenende nach Los Angeles fliegen will.“

„Das ist ein Witz, oder?“, antwortete Coleman. „Leider nicht.“, erwiderte Bill.

„Sharon hat auch versucht Ihrem Vater am Telefon zu erklären, dass es grade nicht gut wäre und Sie viel Arbeit hätte. Ich habe das

Gespräch mitbekommen als ich grade im Arbeitszimmer war. Daraufhin bat Sie mich dich zu informieren."

„Dieses Arschloch! Er spielt mit dem Leben seiner Tochter und unserem." ′Gut er will spielen, so ein verdammter Dickschädel. ′, hämmerte es Jack durch den Kopf.

„Bill gut danke sehr, ich kümmere mich sofort darum." „Sicher Jack, bis später."

Coleman wähle die private Nummer von Frank Hutton. „Ja Mister Coleman."

„Guten Morgen Mister Hutton, ich habe gerade von Ihren Reisplänen erfahren." „Richtig, ich denke ich sollte mal wieder etwas mehr Zeit mit meiner Tochter verbringen." „Mister Hutton, das ist sehr Nobel von Ihnen, aber Sie kennen die Risiken denen Sie Ihrer Tochter gerade jetzt zusätzlich damit aussetzen." „Mister Coleman Sie sind dafür da meine Tochter zu schützen, dafür bekommen Sie Geld. Es ist nicht damit getan Sie zuhause einzusperren."

„Sie ist nicht eingesperrt, dass wissen Sie genauso gut wie ich."

„Dahinter steht eine Taktik Mister Hutton." „Mister Coleman mein Büro sendet Ihnen im Laufe der nächsten Stunden die Infos, wie z.B. Hotel usw. zu. Wir nehmen meinen Privatjet."

„Gut Mister Hutton, dann sehen wir uns übermorgen." „So ist es Mister Coleman."

Jack hielt sein Gerät noch für einen Moment nachdenklich fest in der Hand. Dann wählte er sein Büro in Los Angeles an.

„Schiller Einsatzleitung L.A. Oh Sorry habe die Nummer nicht direkt gesehen Mister Coleman." „Das ist schon Ok.", erwiderte Coleman.

„Sie haben von Sharon Hutton gehört Mister Schiller?“ „Oh ja natürlich. Ich habe bereits E-Mails darüber erhalten und es auch im TV gesehen.“

„Gut! Hören Sie, ich werde am Freitag mit Ihr und Ihrem Vater nach L.A. kommen.“ „Diesen Freitag?“ erwiderte Schiller fragend.

„Sie haben es erfasst. Ich werde Ihnen eine E-Mail zukommen lassen.“

„Bitte veranlassen Sie dann alle Maßnahmen. Vor- Aufklären und so weiter und bestätigen Sie mir dann bitte alles.“

„Ach sagen Sie, ist der Multi Van Einsatzbereit?“ „Ja der ist gestern aus der Inspektion zurückgekommen, wenn, Sie den Gepanzerten meinen.“, erwiderte Schiller.

„Perfekt Mister Schiller, Sie lesen von mir.“

Er war froh, dass dieses Thema damit schon einmal geklärt war. Als nächstes schrieb Coleman eine SMS an Gene und Megan, gefolgt von einer E-Mail an Jenny.

Es verging keine zwei Minuten seitdem er die SMS losgeschickt hatte, schon klingelte Coleman´s Smartphone. Auf dem Display erschien Gene ´s Nummer. „Was zum Teufel wird das denn?“ Hallo Coleman.“, fügte er zum Schluss der Begrüßung hinzu.

„Ja Gene ich weiß, die Idee kam nun nicht von Ihr, sondern von Frank Hutton, ihrem Vater.“

„Wie kann man das denn jetzt machen, gerade in…?“ Coleman unterbrach Ihn, „Gene, Gene ich weiß. Es schmeckt mir auch nicht, aber es ist unser Job.“ „Ich weiß.“, erwiderte Gene kleinlaut. „Nur begreife ich es nicht.“

„Also pack deine Sachen zusammen, um etwas Spätsommer Sonne zu tanken. Weitere Infos folgen per E-Mail von mir. Ach und sieh mal in deinem Dienst Fach nach dem Brief von Sharon an Dich und Megan.“

„Gut Jack, danke wir sehen uns!“

Coleman konnte die Bedenken von Gene sehr gut nachvollziehen, er war eine alter Marine gewesen, wovon er Hinterhalte und mehr kannte.

Aber Job war nun mal Job.

Kapitel 15

Die E-Mail von Frank Hutton´s Büro kam wie angekündigt.

Auch Andre hatte mittlerweile geantwortet. Er war auf dem Weg der Besserung.

Coleman prüfe die Informationen, die in der Nachricht enthalten waren und fügte mit seinen Worten für sein Team und sein Büro in Los Angeles seine Anforderungen hinzu, bevor er sie an die jeweiligen Personen weiterleitete.

Wieder einmal klingelte Coleman´s Smartphone, es war Sharon.

„Coleman.“, hörte Sharon in Ihrer Hörmuschel.

„Jack… es tut mir leid, aber er ist nun mal mein Vater und L.A. ist nicht hier oder machst Du Dir deswegen Sorgen? Sonst sage Ich Ihm ab.“

„Ja die machen wir uns alle, das gesamte Team. Aber es ist unser Job. Die andere Taktik die wir fahren wollten ist damit erledigt. Macht nichts Sharon, das ist nicht das Erste mal. Dafür sind wir ausgebildet.“, Erwiderte Coleman.

Coleman konnte Sharon´s Erleichterung förmlich durch das Telefon spüren. Er konnte Sie gut verstehen. Sie hatte vor Jahren Ihre Mutter durch einen Verkehrsunfall verloren, weshalb sie seitdem so viel Zeit mit ihrem Vater verbringen wollte, wie möglich.

„Sharon, es ist alles gut wirklich! wir sind da und Du amüsierst dich mit deinem Vater.“

„Danke das nett von Dir Jack.“ „Nein, es steht Dir zu. Du musst dich nicht bei mir bedanken.“, antwortete Coleman.

„Bis Freitagmorgen, habe noch einen schönen Tag.“ Sharon gab es zurück, bevor sie das Gespräch beendeten.

Jack hoffte, dass der Tag keine weiteren unschönen Ereignisse mit sich brachte. Er entschloss sich zum Training zu gehen, um den Kopf frei zu bekommen. Seine Firma lief auch mal ohne Ihn, dachte er.

Als Coleman nach dem Training zu seinem Porsche ging, begann bereits der Abend, der genauso bewölkt und grau war, wie er am Morgen begonnen hatte. Es war den gesamten Tag grau in der Stadt geblieben.

Die Hin- und Rückfahrt brachte keine Ereignisse auf Verfolger mit sich, was Ihn nervös machte. Coleman wusste um und fühlte die Gefahr, die sich wie ein Totenlaken über Ihn ausbreiten wollte. Seine Gegenspieler waren Ihm immer noch ein Schritt voraus.

Nachdem Coleman sein Haus betrat, steuerte er gezielt auf seinen Fernseher zu.

Den Wetterkanal prüfen, bevor er seinen Koffer packte, war mittlerweile zu einem Ritual von ihm geworden.

´Sonne, leicht über 22 Grad, schön. ´, wenigstens dort ist Sonne zu erwarten das war schon ein schöner Standard im Westen der USA, dachte er.

Zum Glück waren keine besonderen Termine in der Stadt der Engel an diesem spontanen Wochenende laut Frank Hutton´s E-Mail geplant. Nach einer Stunde klickten die Schlösser seines Koffers zu. ´Nun noch die Waffen putzen, dann ab ins Bett. ´, nahm sich Coleman insgeheim vor.

Plötzlich wurde der Vorsatz ins Bett zu gehen, weiter nach hinten verlegt. Der unbekannte Freund sollte nochmals eine E-Mail bekommen. Vielleicht gab es neue Informationen die er zu bekommen erhoffte.

Coleman klappte seinen Vaio auf. Der Strom lies die LED´s schlagartig zum Leben erwachen.

Nach einer kurzen Suche, hatte er die alte E-Mail Ihres gemeinsamen, unbekannten Freunds gefunden, die er mit einem Klick öffnete und dann auf Beantworten ging.
Guten Abend gemeinsamer Freund,

Wir haben Ihre E-Mail gemeinsam gelesen, vielen Dank dafür.

Des Weiteren haben wir das Thema ´Firmen´ näher betrachtet, wobei ich zu dem Entschluss komme, dass es sich um einen US Geheimdienst oder Ähnliches handeln muss.

Ein Freund

Die E-Mail war versendet. Jack legte sich zurück in seinen Stuhl und zündete sich eine Zigarette an. ´Fünf Minuten kann ich warten, dann gehe ich ins Bad. ´, dachte er sich, wobei er entspannt seine Zigarette rauchte.

Nach drei Minuten war immer noch nichts eingegangen. ´Dieses Mal wird das Glück bestimmt nicht so gnädig sein. ´ Nach den fünf Minuten, die er sich gegeben hatte und nichts passierte, drückte Jack seine Kippe aus, brachte die LED´s zum Schlafen und ging ins Bad.

An dem Abend vor dem geplanten Abflug, schlenderte Sharon durch Ihre Küche. Das sie ständig von Personenschutz im Haus umgeben war, war für Sie mittlerweile so normal geworden, wie sich morgens die Zähne zu putzen.

Der Morgen vor dem Abflug Tag begann wie fast jeder der Tage zurzeit.

Sie nahm sich zuerst eine Tasse Kaffee, um damit nach unten zur Tagschicht von Colemans Männern zu gehen, um sich die Zeitungen zu holen. Diese hatte sie sich früher selber vor der Türe geholt, aber das war für sie zurzeit lebensgefährlich.

Selbst die Paper Boys durften Sie morgens nicht mehr an die Haustüre bringen. Sie mussten diese bei den Kollegen an den Wagen abgegeben, die dann zum Haus kamen und Sie dem Kollegen oder Kolleginnen im Haus übergaben.

´Einfache Sachen die nicht mehr gehen. ´, dachte Sie sich, während sie die Treppe wieder nach oben ging mit dem Blick in die Washington Post gerichtet.

´Warum wird die schöne Sharon Hutton geschützt? Hat Ihr Vater etwas damit zu tun? Bringt der Internationale Waffenfabrikant Sie mit seinen Geschäften in Gefahr, oder hat Sie neue Skandale aufgedeckt? ´, waren ein paar Textpassagen daraus. Zusätzlich war ein Bild von ihnen gemeinsam abgebildet.

Die Washington Post hatte den Anschlag von Ihr als Thema aufgegriffen, wozu auch Beiträge in den TV-Nachrichten kamen. Die TV-Teams standen ja auch eine kurze Zeit vor Ihrem Haus, was Coleman´s Team, aber auch Sie selbst rügte. Einige Reporter waren halt sehr aggressiv, was nicht für Profis sprach. Sie machte den Job selber auch, war aber immer hart, intensiv und vorbereitet bei Interviews.

Für die Personen die einen Menschen schützen, waren Filmkameras nicht willkommen. Sie wollten verdeckt und unerkannt bleiben, was die Anwesenheit von Kameraleuten nicht einfacher machte.

Sharon lass den Beitrag über sich sorgfältig und schaute wer Ihn verfasst hatte. ´Das passt zu Ihm. ´, dachte Sie sich insgeheim. ´Keine Fakten, aber viel Spekulation. Das war nicht grade eine journalistische Glanzleistung. ´

Auch Frank Hutton lass den Beitrag. ´Diese Schmierfinke. ´, dachte er sich. ´Ich werde wohl mal telefonieren müssen, damit das direkt im Keim erstickt. ´ Dann warf er die Zeitung weg.

Jack stand in seinem Büro. Er machte sich aus solchen Meldungen nichts. Zuerst hatte er ein Meeting mit seinen Einsatzleitern und Kommandoführern und danach mit seiner Buchhaltung. Davor musste er noch die Planung zum Flughafen sowie die Abholung vorbereiten, sowie den Einsatz vor Ort in Los Angeles selbst durchsprechen.

„Gut meine Herren.“, sprach Jack ruhig in die Tischrunde, „dann ist das also erledigt. Morgen sechs Uhr bei Sharon am Haus.“

„Wenn Ihr Neuigkeiten erhalten, leitet diese bitte sofort an mich weiter.“

Sharon fing an ihre Koffer zu packen. Auch Sie musste planen. Für das sonnige Wochenende, wollte sie natürlich keine Winterkleidung einpacken.

Die Sonne hing nur noch kraftlos am Himmel. Es näherte sich der Nachmittag. Die Tage fühlen sich immer kürzer an hier im Osten der USA, wo der Winter so langsam deutlich seinen Platz einforderte.

Coleman führte in seinem Büro das letzte Telefonat an diesem Tag mit Mister Waitman vom Secret Service.

„Coleman, guten Tag, ich hoffe Sie haben heute keine Hiobsbotschaft für mich?“ „Mister Waitman, nein ich wollte nur noch einmal fragen, ob sich etwas ergeben hat? Ob Ihre Ermittlungen etwas ergeben haben. Wir werden morgen früh mit Frank Hutton und seiner Tochter nach L.A. fliegen und dabei wäre ich gerne auf dem neusten Stand.“ „Nun ja im Fall Jester haben wir Zeugenaussagen und ein Überwachungsvideo. Die Kugel aus Ihrem BMW können wir jedoch keiner genauen Waffe zuordnen und die Kennzeichen der beiden Wagen dazu gibt es nicht. Also stehen wir wieder fast am Anfang.“ „Die Kennzeichen gibt es nicht?“, erwiderte Jack fragend. „Sie haben richtig verstanden.“ „Riecht das nach großem Bruder Mister Waitman?“, gab Coleman fragend zurück. Waitman atmete tief durch, „Ich habe mir natürlich die Akte durchgelesen und wissen Sie, mit der Sache am Studio und der Paketbombe zusammen betrachtet, riecht es danach Mister Coleman. Da haben Sie recht.“

„So und was wollen Sie da machen?“ „Also Mister Coleman, dabei geht es um Terror, was gegen unsere Verfassung ist, dazu noch im eigenen Land. Aber ich werde die Herren vom FBI dazu befragen. Die hatten auch schon so etwas in der Nase, denn da muss schnell etwas passieren.“

„Also, ich habe schon öfter zivile Fahrzeuge von uns um Hutton´s Haus kreisen lassen. Eines muss ich Ihnen sagen, Ihre Mitarbeiter sind auf Zack. Von denen macht keiner Büroschlaf.“ „Danke, das höre ich gerne. Wir tun unser Bestes. Keiner von meinen Mitarbeitern möchte an einem Versagen schuld sein.“, erwiderte Coleman.

„Mister Coleman, ich werde mich schnellstens mit dem FBI treffen und Sie danach informieren. Guten Flug und kommen Sie alle an einem Stück zurück.“ „Gut Danke, Mister Waitman.“

Jack hatte mit Absicht nichts von den Informationen an Waitman weitergegeben, die er hatte. Er wollte, dass Sie in anderen Winkeln ermittelten, was Coleman nicht so einfach konnte und wofür er keine

Zeit hatte.

Coleman ging an seine Bürotür, wobei er Jenny, seine hübsche Mitarbeiterin zu sich rief. Jenny beseitigte noch die Überreste von dem davor gehaltenen Meeting und antwortete, „ja sicher! Mit oder ohne Kaffee?“ „Zwei, wenn Du einen mittrinkst.“, erwiderte er mit einem Lächeln in der Stimme.

Es dauerte zirka drei Minuten, bis er Jennys hohe Absätze in seine Richtung kommen hörte.

Coleman lächelte. Er dachte ′die Kleine ist so fix und durch kein Geld zu ersetzen. ′ Sie hatte im ganzen letzten Jahr nur drei Tage durch Krankheit gefehlt, was sehr wenig war.

Jenny klopfte, bevor sie mit zwei dampfenden Tassen Kaffee eintrat. „Hier oder?“, frage Sie. „Nein wir gehen an den Tisch.“ Jack nahm den Kaffee dankend an. Dann wurde seine Stimme ernst, „bitte setze dich. Jenny wir sind über das Wochenende, wie Du weißt, in Los Angeles.“ Jenny nickte, wobei sie etwas besorgt schaute. „Ich möchte, dass Du am Wochenende und auch sonst vorsichtig bist. Ich möchte, dass Du deinen Wagen ab Montag nicht mehr draußen parkst, sondern ihn neben meinen stellst. Zumindest nicht mehr auf der Straße.“

Das hatte Coleman noch nie zuvor zu ihr gesagt, weshalb sie etwas entrüstet fragte, „ist es so schlimm?“
„Ja und Du bist mir sehr nah. Ich weiß nicht wo Sie mich treffen wollen, verstehst Du? Auch wenn Du am Wochenende unterwegs bist, halte deine Augen bitte offen. Sobald Dir etwas komisch vorkommt, wähle sofort die 911. Und wenn Du ausgehst oder im Supermarkt bist, lass dich nicht auf Menschen ein, die Du nicht kennst.“

Jenny nickte. „Wenn Dich jemand anspricht, wäre es toll, wenn Du ein Bild von demjenigen machen könntest oder von dem Wagen mit Kennzeichen. Du weißt ja wie das geht. Es kann sein, dass das alles übertrieben ist, aber ich möchte dich einfach nicht ohne Vorsicht ins Wochenende entlassen." Jenny nickte wiederum. „Danke Jack, dass Du soweit denkst und mich einbeziehst." Jack nickte, wobei er sie anlächelte. „Und jetzt mach Schluss und genieße dein Wochenende. Du solltest nicht immer so viele Stunden machen, das Leben besteht nicht nur aus Arbeit." Jenny schnellte vom Stuhl auf und sagte, „Danke Jack, dann habe ich mehr Zeit für Sport und bitte passt auf euch auf."

Jack nickte ihr mit einem schwachen Lächeln hinterher und dachte sich dabei, ′ja das müssen wir wohl. ′

Kapitel 16

Einige hatten noch deutliche Spuren vom Kopfkissen im Gesicht, als Sie anfingen die Gepäckstücke von Sharon in den Porsche zu tragen.

Es war früh, erst kurz vor sechs Uhr morgens. Gene packte den zweiten kleinen Koffer in den Porsche. Dann schnappte das Schloss ein.

Megan, Jack und Sharon standen im Haus und warteten auf die Fahrzeuge, die auf einmal wie durch Magie starteten. Die Straße vor Sharon´s Haustüre erhellte sich daraufhin, wie ein Fußballstadion. „Ready to Run.“, kam ein kurzer Funkspruch.

„Hey hat jemand Lust nach L.A. zu fliegen?“, witzelte Megan, wobei sich alle in der Runde angrinsten.

„Gut, dann lasst uns jetzt fliegen.“, schaltete sich Jack ein. Er setzte seinen Funkspruch ab, mit dem er bestätigte, dass sie kommen würden. Die markanten Klickgeräusche waren laut in den Ohren zu hören. „Gut mal sehen, was es an Bord Leckeres zu essen gibt.“, sagte Coleman, als er mit Sharon, dicht gefolgt von Megan, durch die Haustüre ging.

Das Gute war, das sich in der unmittelbaren Nähe keiner an das Haus heranpirschen konnte. Spike, der Wachhund für die Nacht, wäre angeschlagen. Er war wirklich Gold wert.

Die Kolonne zog mit hoher Geschwindigkeit davon, wobei die Reifen die Power der Wagen sauber auf alle vier Reifen und dann auf die Straße verteilten. Die Fahrer wussten, dass der oder die Täter es schwer hätten, den schnell bewegten Audi und Porsche zu treffen und zu durchschlagen.

Sharon war unfassbar ruhig während der Fahrt. Sie begann sofort in einem Magazin zu blättern, was Megan zuvor im Fond gelassen hatte.

Im Hintergrund lief ′Real Live′ von Seal.

Coleman drückte die Wahltaste seines Smartphones.

„Williams, Guten Morgen.“, kam von einer freundlichen Stimme an diesem frühen Morgen zum Vorschein.

„Guten Morgen Mister Williams, Coleman hier.“

„Oh, guten Morgen Mister Coleman.“ „Mister Williams, wir benötigen noch zirka zwanzig Minuten bis zu Ihnen. Ist Mister Hutton schon da?“, gab Coleman dem Piloten von Frank Hutton′s Maschine durch.

„Gut Mister Coleman, dann weiß ich Bescheid. Mister Hutton kommt gerade an, soweit ich das sehen kann.“, erwiderte Williams.

„Gut, danke! Bis gleich.“

Sharon beugte sich zu Coleman nach vorne und meinte, „wenn man immer so gut durchkommen würde, würde das die Lebensqualität in der Stadt deutlich verbessern.“ „Da hast Du leider nur zu Recht Sharon.“

Der Audi und der Porsche, der den Audi so gut wie möglich nach hinten deckte, belagerten die linke Spur der 395 in Richtung Airport. Die Einwohner von D.C. waren es gewohnt, das schwarze Limousinen mit oder ohne Polizei oder gar eine Secret Service Eskorte die linke Spur konstant nutzten, um schnell an Ihr Ziel zu kommen. Somit konnten sie vermeiden als Zielscheibe für Entführer oder ein Attentat zu werden.

„Hey schaut mal dort drüben, der Himmel über dem Potomac, wie schön blau er ist.“, hörte man plötzlich Sharon glücklich wie ein Kind aus dem Fond sprechen. Megan lächelte Sharon durch den Innenspiegel zu.

Coleman im Gegensatz, hatte dazu gerade keine Zeit sich Sharon anzuschließen, da er die aktuellen E-Mails von seinem Büro aus Los Angeles studierte.

Einen Augenblick später klingelte Sharon´s Smartphone, was die Nummer ihres Vaters anzeigte. „Kind wo seid Ihr denn?“ „Guten Morgen Daddy, wir sind schon über die Brücke gefahren.“ „Ach gut.“, füllte Frank Hutton den Rest des Satzes, „also fünf Minuten.“

Coleman hielt den linken Daumen zu Sharon nach hinten hoch, denn die Stimme von Frank Hutton war selbst vorne nicht zu überhören.

„Bis gleich. Ich freue mich Kind.“ „Ich mich auch.“, erwiderte Sharon.

Die Schranken und Kontrollen zum Rollfeld hatte die Kolonne schnell hinter sich gelassen. Coleman´s Team und Fahrzeuge waren dort häufige Gäste.

Dann schossen der Audi und der Porsche wie in einer Haarspray Werbung auf das Rollfeld.

„Wow, eine Gulfstream G650.“, sagte Megan zu Coleman. „Oh ja und in schwarz. Schick und teuer.“

Sharon ergänzte das Ganze mit Ihrem Fachwissen, „mit einem Tank Stopp kann er wohl jedes Ziel in der Welt erreichen.“

„Wo er nun auch sehr oft unterwegs ist, in der Welt.“, fügte Jack hinzu.

Die beiden schwarzen Fahrzeuge parken wie zwei Formel 1 Autos an der Linie neben dem Jet.

„Sharon, Kind, schön dich zu sehen.“, sagte Frank Hutton zur Begrüßung zu seiner Tochter, während er sie in die Arme nahm.

Die Begrüßung verlief bei allen recht herzlich. Coleman beobachtete Frank Hutton und empfand seine Herzlichkeit als gespielt. Er konnte diesen Gedanken einfach nicht loswerden. Zudem schätzte er, dass dieser Mann wenig oder keine Empathie für andere Menschen hatte.

Die Gepäckstücke waren schnell in der Maschine verladen.

Coleman begrüßte Williams den Piloten, der sehr erfahren und zuverlässig aussah. Er schätzte seine Größe auf einen Meter sechsundachtzig, jedoch hatte er schon ein wenig mehr graue Haare als Coleman.

Dennoch überragte Coleman den Piloten mit noch einem kleinen Stück mehr an Körpergröße.

„Da fliegen Sie aber etwas nettes Mister Williams.“ „Ja da gebe ich Ihnen Recht. Die Maschine hat alle netten Spielzeuge an Bord, um es während Direktflügen sehr angenehm zu haben. Bitte kommen Sie an Bord.“, lud er Coleman mit einem Handzeichen als Willkommen dazu ein.

Williams verschwand zu seinem Arbeitsplatz im Cockpit, wo der Co-Pilot schon alles für den Flug vorbereitete.
Die Flugbegleiterin Michelle begrüße Coleman ebenso freundlich, wie ihn der Pilot zuvor.

Alle anderen waren bereits auf oder an Ihren Plätzen. Frank Hutton hatte Jack zuvor nur mit Blicken begrüßt, was Jack zum Anlass nahm, zu Ihm zu gehen und Ihm persönlich die Hand zu geben. Jack fand sein Verhalten eher kindisch, aber so war Frank Hutton. Er schien jetzt eher als ein Feind, als ein Freund. So kam sich Jack bei ihm von Anfang an irgendwie vor.

Jacks tote Freundin hatte Ihm zu Ihren Lebzeiten ein hohes Potenzial an emotionaler Intelligenz nachgesagt, was in diesem Fall voll ins Schwarze traf.

Coleman war auf der Hut.

Nachdem alle Ihre Plätze eingenommen hatten, hörte man auch schon das Starten der Rolls Royce Triebwerke und die Stimme von Captain Williams, indem er Informationen über den bevorstehenden Flug von sich gab. Coleman hatte das schon so oft gehört, dass er nur Punkte herausfilterte.

Sharon und Ihr Vater hatten es sich im hinteren Bereich seiner Maschine gemütlich gemacht, während Gene und Mcgan sich gegenübersaßen. Jack hatte keinen vor sich. Er sah sich in der Maschine um und dachte, dass die Gulfstream eine Luxusjacht mit Flügeln war.

Die Gulfstream beschleunigte wie eine Kanonenkugel, wobei sich die Landschaft vom Flugzeug entfernte, bis sie in der Luft war.

Jack gab die Flugnummer und die geschätzte Flugzeit per SMS an sein Team in Los Angeles durch. Danach schloss er seine Augen um 100% Fit für die Landung zu sein.

Kapitel 17

„Mister Coleman! Jack!“, erklang es in seinen Ohren.

Dann fühlt er, wie er in die Bewusstseinsebene zurückerlangte.

„Ja ich höre.“ Dabei schaute er Flugbegleiterin Michelle mitten in die Augen. „Sie haben schlecht Geträumt glaube ich.“, sprach Sie Ihn mit sanfter Stimme an.

Nun war Coleman voll da, rutsche gerade auf den Sitz und rieb sich durch sein Gesicht. „Ich habe mir erlaubt Ihre Mitarbeiter zu fragen, wie Sie Ihren Kaffee mögen.“ „Oh das ist nett Michelle. Danke dass Sie so nett waren mich zu wecken.“ „Gerne.“, erwiderte Sie und stellte Ihm seine Tasse Kaffee auf den Platz neben Ihm.

„Wie lange habe ich geschlafen?“, schaute er Megan und Gene fragend an?

Gene zog seine Achseln fragend hoch. „Also drei Stunden bestimmt.“, erwiderte Megan. „Ich bin nach Dir eingeschlafen und bin vor Dir wieder wach geworden.“

„Du hast wohl heftig geträumt. Michelle wollte dich scheinbar wecken, ich glaube Sie findet dich anziehend.“, gab Gene noch lächelnd hinzu.
„Gene, Gene, dass ist Ihr Job und das hier ist ein Privatjet. Noch dazu von Frank Hutton, der als Ihr Boss, selber an Board ist.“, erwiderte Coleman. „Nein Jack. Gene hat recht, Sie strahlte dich bei jedem vorbeigehen an und war besorgt, weil Du schlecht geträumt hast. Gene hat schon recht.“ Gab Megan dazu.

Jack nahm einen großen Schluck aus seiner Kaffeetasse.

„Gut, gut! Ihr habt recht und ich meine Ruhe.". setzte er nach, als der Kaffee seinen Mund Richtung Magen verließ.

„Jack bei allem Respekt, Du bist unser Chef aber Sie ist locker fünfzehn Jahre jünger und bildhübsch. Du bist alleine. Versuche es doch, wem schadete es?", sprach Megan sanft auf Ihn ein.

Auf so einen Moment schien sie schon länger gewartet zu haben. „Greif zu. Du bist doch zurzeit alleine."

Coleman erwiderte darauf nichts, weshalb Megan und Gene sich fragend anschauten.

'Ich werde mal ein paar Schritte machen. ', dachte sich Coleman und schnallte sich ab, um in Richtung Heck zu gehen. Er schaute Sharon prüfend an, die wohl gerade in einen Artikel vertieft war.

Frank Hutton diktierte gleichzeitig wohl einem Sekretär einen Text per Telefon, was Coleman bemerkte und umdrehte, um an seinen Platz zurück zu gehen, da er keinen stören wollte.

Dabei bemerkte er, dass Michelle die Flugbegleiterin ihn tatsächlich schon wieder anschaute und zu Lächeln begann. 'Verdammt, die beiden hatten recht. ', dachte sich Jack und lächelte zurück. Er fand ihr Lächeln sehr anziehend, was er zugeben musste. Nach seiner Reaktion, wurde ihr Lächeln noch intensivier. Doch Jack hatte in seinem Herzen jemand anders.

„Wir landen in zirka zwanzig Minuten.", kam es plötzlich von Captain Williams Stimme durch die Bordlautsprecher. „Möchten Sie noch etwas trinken bevor wir landen, Mister Coleman?", stand Michelle fragend vor Ihm.

„Nein nein danke sehr! Das ist sehr nett, aber ich hatte genug.", gab Jack lächelnd zurück, was Michelle mit einem erneuten Lächeln erwiderte wobei Sie ihren Kopf leicht nach links legte.

Die Gulfstream sank deutlich, wodurch die Häuser und L.A. Downtown bereits gut auszumachen waren, während Jacks Smartphone eine Nachricht nach der anderen empfing, die in seinen Speicher gepresst wurde, was bedeutete, dass sie nicht mehr lange bis zur Landung hatten.

Nachdem er sich wieder angeschnallt hatte, begann er die Nachrichten zu studieren.
Die Nachricht vom Absender Waitman, US Secret-Service.gov, nahm er sich als erstes vor.

Coleman überflog das Übliche, bis es für ihn interessant wurde und er las, dass das FBI und der Secret Service eine Mobilfunkauswertung an den Tatorten vorgenommen hatten. Mister Waitman informierte ihn darüber, dass die Muster des Anschlages vor dem Sender, bei dem DU-Munition eingesetzt wurde, mit der Paketbombe verglichen wurde. Sie konnten dort zwei Nummern ordnen, die an beiden Funkzellen zum Zeitpunkt der Taten eingebucht waren.

Weiterhin schrieb er, *'Ich möchte Sie nicht auf die Folter spannen. Auch beim Verschwinden von Ihrem Mitarbeiter Thomsen und bei dem Mord an Agent Jester, wurden Nummern gefunden, die in das Muster passen. Das bedeutet, die Täter haben neue Handys bekommen, oder es waren Andere die zum selben Team gehören. '*

Zu unserer Überraschung, handelt es sich um zwei Firmen, die sie betreiben. Leider darf ich Ihnen dazu keine Auskunft geben. Dazu laufen Ermittlungen.

Aber Mister Coleman, ich kann Ihnen sagen, Sie hatten den richtigen Riecher.

Mit freundlichen Grüßen

Coleman lehnte sich in seinem Sitz zurück und blickte über seine Schulter zu Sharon.

Die Gefahr hier in L.A. war riesig. Er fragte sich, wie zum Teufel, er sie draußen so schützen sollten, wie sie das im Haus oder im Auto konnten. Er schaute sorgenvoll auf die Gebäude des Flughafens Los Angeles (LAX) und gab Megan und Gene mit einem Handzeichen den Befehl, dass sie den Funk einschalten und sich bereit machen sollten.

Mit einem Vielfachen Klicken in seinem Ohr, wurde das Handzeichen von seinen beiden Kollegen bestätigt. Es folgte eine SMS auf Coleman´s Smartphone von seinem Team, das am Rollfeld stand. Auch dort war man auf den besonderen Gast vorbereitet.

Die Gulfstream rollte auf seine zugewiesene Parkposition. Nun konnte man das Team deutlich erkennen, während die Triebwerke langsam herunter heulten bis zum kompletten Stillstand.

Michelle stand als Erste am Ausgang und öffnete die Türe, was Sharon und Frank Hutton zum Anlass nahmen, ihre restlichen Sachen einzupacken.

Jack drückte Michelle zur Verabschiedung die Hand, worauf Sie mit, „Ich freue mich auf den Rückflug Mister Coleman. Ich hoffe es hat Ihnen bei uns an Board gefallen“

Coleman nickte, was aus einem Mix aus vielen Gefühlen bestand, denn er wusste, dass es jetzt sehr ernst wurde.

Coleman ging auf sein Team aus Los Angeles zu und begrüßte es. Schiller wollte wissen, ob Sie alle einen guten Flug gehabt hatten, bevor er ihnen ihren Fahrer, Specker, vorstellte und auch alle anderen vom Team ihren Chef Begrüßen konnten.

Coleman stelle Ihnen mit kurzen Handzeichen die Personen vor, die die Maschine verließen, während Gene gemeinsam mit dem Co-Piloten alles in den Fahrzeugen verstaute. Megan begleitete Sharon dann zum Multivan.

„Bis gleich Daddy!", rief Sharon ihrem Vater hinterher, der als letztes seine Maschine verließ. Frank Hutton bezog Platz im Begleitfahrzeug. Er wollte noch telefonieren und die Gruppe dabei nicht stören.

Schiller zog beim Multivan die Fahrstufe in Drive, dann fuhren die beiden Fahrzeuge los. Der VW Multivan war etwas Besonderes. Es war ein gepanzerter Wagen mit Allrad, und hatte einen vierhundertdreißig PS starken Dieselmotor.

„Ist das Wetter nicht schön?", sprach Sharon in die Gruppe. „Oh ja.", erwiderte Megan. „Ein Traum, nur die schwarzen Schreiben sind für das Sonnenbaden hinderlich.", alberte Gene dazu.

„Mister Coleman, dass Hotel hat mir noch einmal die Zimmer, wie Sie sie haben wollten, bestätigt." „Wieso?", wollte Sharon wissen. „Gibt es Probleme?" Coleman erwiderte, „Ja sagen wir es mal so, wir mussten jemand anderem das Zimmer wegnehmen."

„Echt?", gab Sharon lachend zurück. „Warum das denn?" „Alle Zimmer liegen nun nebeneinander, was für uns kurze Wege bedeutete. So können wir den Flur komplett sichern.", antwortete Coleman.

Anhand der Reaktion der Anderen im Multivan, die nichts dazu sagten, spürte Sharon, wie ernst die Lage war.

Schiller übergab den Din A4 Umschlag mit den Zimmerkarten an Jack. „Bitte, wie Sie es gewünscht haben. Es sind alle, bis auf die von Frank Hutton. Er bekommt die Suite, Mister Coleman.“

„Danke.“ Coleman nahm den Umschlag und verteilte die Zimmerkarten, während sich die beiden Fahrzeuge durch den Verkehr von Los Angeles bewegten.

„Sharon haben sich deine Pläne geändert, oder bleibt es so wie geplant?“

„Nein.“, erwiderte Sharon. „Zuerst wollen wir ins Hotel, um uns frisch zu machen, dann wollten wir essen gehen. So wie es geplant war Jack.“

„Ok, das beruhigt mich.“, gab Jack zurück. Währenddessen rollten die beiden Multivans in die Tiefgarage des Four Seasons in Beverly Hills.

„Das Personal müsste uns jetzt hier unten in Empfang nehmen. Der Sicherheitschef war sehr zuvorkommend.“ „Das hoffe ich.“, erwiderte Coleman zu Schiller.

Vor dem Fahrstuhl ging alles ganz schnell. Die Hotelpagen waren extrem professionell. „Sharon, Kind, ich fahre erst einmal in mein Zimmer und komme dann zu Dir, um dich zum Essen abzuholen.“ „Und Mister Coleman, würden Sie denn auch gleich noch mal in meine Suite kommen?“, Schaute Frank Hutton Coleman fragend an. „Sicher Mister Hutton, wenn es die Zeit gleich zulässt, komme ich gerne zu Ihnen.“, was Frank Hutton mit einem zustimmenden Nicken annahm.

Dann schloss sich die Fahrstuhltüre.

Kapitel 18

„Oh endlich mal keine Vorhänge vor den Fenstern.“, stellte Sharon lächelnd fest, womit sie Jack ansprach. Dabei konnte die Sonne die Räume schön durchfluten.

Ja erwiderte er, aber bitte zeige dich nicht so sehr und nahe am Fenster. Die Höhe ist auch für ein Gewehr nicht hoch genug.

„Ich weiß Jack ich werde darauf achten.“

„Also Sharon, wir haben einen Kollegen vor dem Hotelzimmer, auf unserem Flur. Also bitte wunder dich nicht.“

„Und Du musst leider die Ballistische Weste hier tragen, wenn wir rausgehen.“

„Ich will einfach kein weiteres Risiko eingehen.“

Nachdem Jack Sharon mit den Sicherheitsvorkehrungen instruiert hatte, erklärte er ihr, dass er Neuigkeiten hatte. Diese aber erst am Abend mit ihr durchgehen wollte, wenn Ruhe eingekehrt war. Zudem wollte er keine Spaßbremse sein.

„Oh Jack.“, Sharon stellte sich direkt vor Coleman. „Nein, bitte bitte sieh das nicht so. Ich weiß, dass Du und dein Team nur mein Leben und Gesundheit im Auge haben. Mach Dir deswegen bitte nie Gedanken. Du machst dein Job und ich muss damit leben, wenn ich leben möchte.“

Coleman legte die Ballistische Schutzweste auf die Couch. „Also Gene ist jeden Moment fertig. Dann gehe ich kurz zu deinem Vater.“

Jack für Gene Kommen!“, klang es über Coleman´s Funk in seinem

Ohr. „Komm Gene." „Ich bin wieder da, die Dusche war toll. Und wo ist der Alarmknopf Sender?"

„Den habe ich hier bei mir.", antwortete Coleman. „Gut ende!", erwiderte Gene.

„Jack ich gehe mich mal frisch machen.", kaum hatte Sharon den Satz fallen lassen, verschwand sie auch schon im hinteren Teil der Suite.

Coleman setze sich in einen der schönen Sessel und nahm einen großen Schluck aus einer Wasserflasche, die auf dem Tisch vor Ihm stand.

„Gut, dann wollen wir mal sehen wie schnell wir hier ein Kaffee bekommen.", grinste Coleman das Telefon vor sich an.

„Ja Coleman, guten Tag. Ich hätte gerne eine Kanne guten starken Kaffee mit Milch. Genau, die Zimmernummer sehen Sie doch bestimmt. Gut danke sehr." Dann legte Coleman wieder auf.

In Coleman´s Ohr Klickte es zweimal, wonach es ebenso an der Tür klopfte. ´Das kann nur Gene sein. ´

„Gene komm rein." „Tolles Zimmer.", gab Gene wieder. „Warst Du schon in deinem?"

„Nein, noch nicht. Ich warte bis Megan auch da ist."

„Ach Gene die Notfalladresse haben nur Schiller, Du Megan und Ich, für den Fall, dass wir mal getrennt werden sollten." „Gut, ich hoffe wir werden sie nicht in Anspruch nehmen müssen."

Dann klopfte es wieder an der Tür, während beide ein Klicken in Ihren Ohren vernehmen konnten. „Da ist Sie ja." Gene öffnete die schwere Hotelzimmer Türe.

„Hallo meine Herren.“ Megan strahlte wie ein Stück Plutonium als sie die Suite betrat.

„Also dann habe ich euch beide jetzt zusammen. Hört zu, ich habe eine E -Mail von Waitman bekommen, der mir fast wörtlich bestätigen konnte, dass es nach Geheimdienst riecht.“

„Unsere?“, fragte Megan fassungslos. „Ja.“, Coleman schaute Megan ernst an, „so wie es aussieht.“

Als nächstes ertönte ein Gong an der Türe. „Oh der Kaffee, “, lächelte Coleman und ging zügig zur Türe, um sie zu öffnen.

Der Hotelmitarbeiter wünschte einen guten Tag, bevor er sehr höflich fragte, wo er den Kaffee abstellen sollte.

Jack zeigte wortlos auf den Tisch, was der Herr gerne befolgte.

„Jack hast Du noch ein Meeting mit dem Sicherheitschef?“, fragte Gene.

„Nein, ich habe bereits alles am Telefon mit ihm besprochen, als ich im Büro war.“, erwiderte Jack

Megan zeichnete die Bestellung ab, bevor der Hotelmitarbeiter die Suite wieder verließ.

„Also Sharon ist im Bad. Ich gehe jetzt mal in die Höhle des Löwen.“

„Zu Frank Hutton?“, gab Gene zurück. „Ja, Du sagst es.“ „Na dann viel Spaß.“, warf Megan noch als Scherz hinterher, während sie gerade allen die Tassen mit Kaffee füllte.

Dann kam Sharon mit einem Lächeln aus Ihrem Bad ins Wohnzimmer geschlendert.

„Gut, ich gehe mal schnell zu Ihm.“ Coleman nahm noch ein Schluck aus seiner Tasse, bevor er durch die Hotelzimmer Tür verschwand, die mit einem stabilen Klacken in den Rahmen fiel.

Jack schlenderte in Richtung Frank Hutton´s Suite. Auf seinem Weg begrüßte er den Sicherheitsbeamten des Hotels per Handschlag und ging weiter. Er stoppte ein weiteres Mal, um nach seinem Smartphone zu greifen. In dem Moment öffnete sich die Fahrstuhltüre hinter ihm, woraus Ein Hotelmitarbeiter mit seinem Wagen kam und in Richtung Sharon´s Suite lief. Coleman nahm Ihm nur kurz im Augenwinkel wahr, während der Sicherheitsmitarbeiter Ihn passieren ließ.

Coleman starrte auf sein Smartphone was wie ein Zeichentrickfilm leuchtete. ´Hat Sie sich vom Bad aus etwas bestellt? Wir wollten essen gehen? ´, gingen Coleman die Gedanken durch den Kopf. In dem Moment schnellte Jack herum mit Blick zu Sharon´s Zimmer.

Dann öffnete sich auch schon ihre Zimmertüre, indem der Wagen samt Mitarbeiter verschwand und Coleman verlor ihn aus seinen Augen.

Coleman rannte los, zurück Richtung Sharon´s Suite, die Zimmerkarte in der rechten Hand, die Baretta aus dem Halfter gezogen in der linken Hand und entsichert. In diesem Moment kam ihm der Flur bis zu Ihrer Suite so lang vor, wie ein Schlauch. Wenn er jetzt Funkt sind die beiden abgelenkt, schoss es Ihm durch den Kopf. ´Was ist richtig, was ist falsch. ´ Der Sicherheitsmitarbeiter griff ebenfalls zur seiner Waffe, als er Jack bemerkte, wusste aber nicht warum. Jack drücke die Sprechtaste an seinem Tarnset. „Achtung Falle Gene!“

in diesem Moment hallte ein Schuss durch das Stockwerk, dann ein weiterer.

Die Türe war mit dem Rollwagen blockiert, der wollte aber auf Sicher gehen, schoss es Jack durch den Kopf. Dann wurde ein weiter Schuss ausgelöst.

Jack ließ die Zimmerkarte fallen und stand geschützt im Türrahmen. Mittlerweile stand auch der Sicherheitsbeamte hinter Ihm. Jack gab Ihm ein Zeichen, damit er leise sein sollte, was dieser nickend bestätigte. Jack drückte seine Sprechtaste am Tarnset, was als Antwort zweimal klickte. Er schob sich vorsichtig in den Raum und sah, wie Gene bewegungslos am Boden lag. Sein Blut ergoss sich auf den weißen Teppich.

Jack drehte sich um und zeigte dem Sicherheitsmann, dass er Alarm schlagen sollte. Der darauf verschwand. 'Dann musste Megan noch da sein. ', ging es ihm durch den Kopf. Er tastete sich geschützt von den Möbeln weiter vor. Da war er! Jack konnte sehen, wie der falsche Hotelmitarbeiter mit einer Selbstsicherheit die Waffe vor sich im Anschlag hielt und damit weiter nach hinten ging. Vermutlich weiter in Richtung Sharon und Megan.

Coleman legte an, zielte und feuerte zwei Kugeln aus seiner Baretta.

Treffer! Beide Kugeln durchschlugen den Täter, der nach vorne geworfen wurde und dann nach hinten umfiel. Dabei polterte seine Waffe auf den Boden.

„Megan für Jack.“, funkte er Megan an, wobei sich für ihn eine Sekunde anfühlte, wie eine ganze Minute. Dann kam endlich die Antwort, „Ja Jack, wir kommen raus.“

Coleman bestätigte mit einem Doppelklick. Er ging auf den Täter zu, als ihm die Beiden entgegenkamen. „Jack, Jack!“ Tränen liefen

Sharon über das Gesicht. Colman kniete sich zu dem toten Angreifer und nahm die Waffe an sich, während er seinen Puls prüfte. „Sharon ruhig, setze dich hin und bleib unten." Jack durchsuchte die Hoteluniform und Megan rannte weiter zu Gene.

"Nichts, verdammt! Ein Magazin als Ersatz, keine Papiere." In dem Moment kamen sehr viele Sicherheitsmitarbeiter mit gezogener Waffe in das Zimmer. „Treten Sie zurück!", brüllte einer Megan an. „Und legen Sie sich mit dem Bauch auf den Boden." Megan fauchte zurück, „dann leisten Sie erste Hilfe." Als der Sicherheitsmitarbeiter das Zimmer betrat, der zuvor mit Coleman in das Zimmer kam, Megan sah, sagte er, „Alles ok, Sie ist von uns."

Die anderen senkten daraufhin ihre Waffen. „Eine Ambulanz ist verständigt." Leider stellte Megan schnell fest, dass diese wohl nur noch den Tod ihres Kollegen feststellen würden. Gene hatte im linken Auge eine Schussverletzung, die sofort zum Tod geführt haben musste.

„Sharon, wo ist dein Reisepass?" „In der Tasche auf dem Bett Jack."

„Hol die Tasche!", erwiderte Coleman. Sharon rappelte sich vom Boden auf und ging in das Schafzimmer. Sie stand mit Ihrer Handtasche und bleich wie ein Blatt von einer weißen Rose vor Ihm.

Er packe Sie am Arm, die Waffe immer noch in der Hand.

Jack blickte zu Gene, wobei er sich zusammenreißen musste, als er sah, wie Megan ihn im Arm hielt. Er legte beim Vorbeigehen seine Hand auf Megan´s Schulter. Dann ging er zur Bar, nahm eine Cola heraus, öffnete sie und drückte Sharon die Dose in die Hand. „Trink, sonst machst Du mir schlapp."

Dann griff Jack in seine Tasche und übergab Megan die Waffe vom Täter, bevor er sich zu ihr herunter kniete und ihr etwas ins Ohr flüsterte.

Sie nickte ihm bestätigend zu und griff dann Jack´s Hand.

Als nächstes stand er auf ohne etwas zu sagen und drückte den Alarmknopf für den Wagen. Er packte Sharon am Arm und durchquerte mit ihr die Sicherheitsleute vom Hotel.

Auf dem Flur zog er seine Jacke aus, legte sie über seinen Arm und verdeckte seine Waffe damit. Dann nahm er Sharon an der Hand. Der Fahrstuhl war eingetroffen, indem sich zwei Personen befanden. „Sind Sie so nett uns den Fahrstuhl zu überlassen?“, fragte er freundlich, wenn auch betont. Die beiden älteren Herrschaften blickten ihn und Sharon verstört an, verließen den Fahrstuhl dann aber wortlos.

„Sharon schau mich an!“ Jack wischte Ihr Ihre Tränen aus den Augen. „Du bleibst hinter mir. Ich halte dich fest.“

Ihm war klar, dass Sharon in dem Schockzustand nicht im Stande war zu denken. Der Fahrstuhl fuhr bis in die Tiefgarage, wo Schiller mit dem Multivan direkt vor der Türe stand. Die Seitentüre war offen, das Licht und der Motor an. Kaum hatte er Sharon in den Wagen gedrückt, trat Schiller das Gas durch, wobei die vier Reifen sich auf dem Hotelparkhausfußboden verewigten.

„Was ist passiert?“ „Schiller nicht jetzt.“, antwortete Coleman scharf. „Fahren Sie uns zum Airport.“

„Sie besorgen uns jetzt eine Maschine nach Köln oder Düsseldorf in Deutschland. Chartern wie auch immer!“ „Ok Chef.“, erwiderte Schiller.

Als Schiller auf den Burton Way bog, kam Ihnen eine Armada von Streifenwagen entgegen. Schiller blicke fragend in den Rückspiegel, aber Jack schüttelte nur den Kopf. Mittlerweile zog die Sonne in Richtung Westen. ′Es wird wohl ein traumhafter Sonnenuntergang. ′, dachte sich Jack. „Sharon trink die Dose leer! Komm.“, bat er Sie nochmals. Sie setzte die Dose an und leerte sie wortlos.

„Schiller haben Sie ein Ladekabel für ein Samsung S9 an Bord.“ Nach kurzer Überlegung antwortete er, „ja ja, in der Mittelkonsole sollte alles zu finden sein.“

Coleman steckte alles zusammen und wählte eine Nummer.

′Naja dort ist es jetzt zirka vier Uhr morgens, aber Sie wird es verstehen. ′, dachte sich Jack.

Jack konnte die Antwort am anderen Ende zart hören. „Ja Sara, ich bin es.“

„Oh Gott Jack, ist alles ok bei Dir?“ Nun wurde Sara′s Stimme klarer und kräftiger. „Es ist kurz vor…“ „Ich weiß, ich weiß. Endschuldige!“, unterbrach Coleman sie.

„Kann ich zu Dir? Oder sagen wir zu zweit, ich brauche Deine Hilfe!“

„Jack natürlich! Jeder Zeit, dass weißt Du und das Haus ist groß genug.“

„Danke Sara, ich prüfe die Flüge und sende Dir alles per E-Mail.“ „Gut mach das“, erwiderte Sara, bevor Jack das Gespräch beendete.

„Mister Coleman, ich rufe die Privatjet Firma an, mit der wir hier in Los Angeles arbeiten.“ „Ja gut, machen Sie das. Ich kenne Sie von den Unterlagen.“, Erwiderte Jack Coleman.

Schiller wählte die Nummer, die er vorher angekündigt hatte und legte nach einer knappen Begrüßung los. „Ich benötige ein Flug jetzt von LAX nach?“ „Mister Coleman?“ „Ja.“, erwiderte Coleman, „nach Köln/Bonn oder Düsseldorf, maximal ein Tankstop.“

„Nach Köln/ Bonn oder Düsseldorf in Deutschland mit maximal einem Tankstop für zwei Personen.“, gab Schiller an seinen Telefonteilnehmer weiter.

„Sie prüft es, einen Moment Mister Coleman. Moment, also Sie können in einer Stunde starten. Für 90,500 $. Sie wären alleine im Flieger. Soll ich zusagen?“ Coleman überlegte kurz, ob seine Kreditkarte es hergab.

Dann meldete sich Sharon zur Wort, „ja Mister Schiller buchen Sie.“

Coleman schaute Sharon verwundet an. Sie nickte Ihm nur zu und sagte, „bitte lass mich das machen.“

„Buchen Sie Mister Schiller, Sie haben es gehört.“

Schiller gab die Bestätigung durch und bestätigte, „wir werden in zwanzig Minuten bei Ihnen sein. Auf Wiederhören!“

Als man die Flugzeuge schon deutlich tiefer fliegen sehen konnte, war das ein deutliches Zeichen, dass Sie den Flughafen von Los Angeles bald erreicht hatten.

„Schiller sind Ihnen Verfolger aufgefallen?“, fragte Jack prüfend nach.

„Nein nichts. Ich bin extra ein paar Schlenker gefahren.“, gab Schiller zur Antwort. „Gut, hören Sie mir zu. Sie lassen uns an dem Terminal raus, dann besorgen Sie zwei Prepaidhandys, die wir International nutzen können sowie ein Simkarten- Lesegerät und Sie werden kein Bericht schreiben. Sagen Sie niemanden, wo wir hingefahren oder geflogen sind, auch nicht der Polizei von Los Angeles." „Ok, wird gemacht.", erwiderte Schiller.

Schiller bremste scharf vor der Privatjet Firma. „Wir sind da."

„Ok, wir warten Innen. Bis gleich." Coleman nahm Sharon an die Hand und verschwand mit Ihr in dem Gebäude.

„Wie kann ich Ihnen behilflich sein?", sprach die Mitarbeiterin der Charterfirma die beiden an.

„Coleman, mein Mitarbeiter hat gerade einen Flug nach Deutschland für zwei Personen gebucht."
„Ja richtig, dazu muss ich nur wissen, wie sie Zahlen.", erwiderte die Dame lächelnd. „Und noch Ihre Pässe bitte."

„Hören Sie bitte, ich möchte, dass Sie den Flug auf der Kreditkarte abrechnen." Sharon schob der Dame Ihre Karte rüber und fügte hinzu, „aber nicht mit den Flugdaten."

„Buchen Sie den Betrag ab, von mir aus nach London. Es darf keiner sehen, wo wir hingeflogen sind und das wäre mir 100,000 $ wert." Die Dame am Counter wollte bereits los pusten, sah dann aber, dass Coleman es ernst war.

„Hören Sie, ich verliere meinen Job." Jack und Sharon blickten die Dame entschlossen an. „Gut, 100,000 $ in bar?", fragten Sie nochmals nach. „Ja in Ordnung.", erwiderte Jack und legte seinen Pass auf den Counter, was Sharon ihm nachtat.

„Geben Sie mir fünf Minuten.", forderte sie die Beiden auf, dann schwieg sie und begann etwas auf ihrer Tastatur einzugeben.

Jack blickte Sharon tief in die Augen. „Es tut mir leid, dass Du das erleben musstest." „Es war so schrecklich. Megan bot mir gerade eine

Tasse Kaffee an, wir standen für den Killer ungünstig.“, dann schluckte Sie zwei Mal. „Gene hat toll reagiert, aber der Typ schoss von dem Rollwagen an der Türe. Sharon liefen die Tränen über die Wangen. „Gene hat sofort reagiert, aber es ging so schnell, er hatte eine Tür Karte, Jack.“

Coleman nahm Sie in den Arm, wobei sie gegen seine Brust gelehnt weiter weinte und er ihr über den Kopf streichelte.

„Entschuldigen Sie.“, sagte die Dame vom Counter zu Coleman peinlich berührt, da sie damit den Moment der Beiden stören musste.

„Also, ich habe es wie folgt verbucht. Sie fliegen nach London, aber Ihre Tickets bleiben so wie Sie es haben wollten.

Jack nickte. „Sie sind ein großer Schatz.“ In dem Moment betrat Schiller die kleine Exklusive Halle der Charter Linie.

„Ich habe alles bekommen, hier bitte.“ „Super! Gut gemacht.“, erwiderte Jack. Dann fing Jack an von seinem Smartphone Nummern zu notieren.

„Sharon hast Du Nummern die Du benötigst?“ Sharon nickte nur, woraufhin Schiller ihr einen Kugelschreiber und ein Stück Papier hinhielt. „Danke, das war aber schnell.“, gab Sharon zurück.

„Hören Sie Schiller, ich muss noch mit dem Captain über das Thema Waffen sprechen. Bitte gehen Sie zum Geldautomaten oder Bank hier am Airport und buchen mit der Firmenkarte 100,000 $, ab was Sie bitte der Dame, so dass es niemand sieht, am Counter geben. Notieren Sie, dass ich es bar genommen habe.“ „Ok. wird gemacht! Sonst noch etwas?“, erwiderte Schiller fragend. „Nein Danke. Guter Job, ich melde mich. Fahren Sie, damit die Dame…“ Coleman beendete den Satz nicht, streckte Ihm aber die Hand hin.

„Viel Glück euch Beiden." Jack und Sharon verabschiedeten sich von Mister Schiller.

„Ich muss schnell ein paar Nachrichten versenden. Dann geht's los Sharon."

Die erste E-Mail, die er schrieb ging an Sara. Die Zweite an das Büro von Mister Waitman und zu guter Letzt eine an Jenny. Dann machte er sein Smartphone aus.

Nach einem kurzen Gespräch mit dem Captain liefen Jack und Sharon durch die TSA Kontrollen und wurden von einer Limousine zum Jet gefahren.

Kapitel 19

Die Beiden saßen kaum in Ihrem total leeren Jet, schon schoben sie sich dem wolkenlosen Himmel entgegen.

„Jack wo fliegen wir hin? Ich wollte Dich das die ganze Zeit schon fragen.“

„Sharon, es gab mal eine sehr, sehr wichtige Person in meinem Leben die ich Verloren habe. Wir fliegen zu Ihrer Schwester, der ich zu einhundert Prozent vertrauen kann. Dort sind wir sicher, denn hier sind uns die Täter immer voraus oder gleich auf.“

„Wenn wir dort sind, werden wir uns die Schweine kaufen und zwar alle.“

„Dann werden wir sehen, wer alles ohne Fallschirm die brennende Maschine verlässt.“ Coleman´s Stimme klang sehr scharf bei seiner Aussage.

„Ich hoffe es für all die Toten und die Gerechtigkeit.“, erwiderte Sharon mit trauriger Stimme.

„Versuche etwas zu schlafen, es ist weit bis Deutschland.“ „Dann sehe ich deine alte Heimat richtig?“, fragte Sharon.
„Ja das wirst Du. Versuche zu schlafen, ich werde das auch versuchen.“

´Das war Spionage oder Verrat. ´, grübelte sich Jack in den Schlaf und beobachtete dabei den wolkenlosen Himmel über den USA auf dem Weg nach Deutschland.

Dann wurde auch Coleman von den monotonen Triebwerksgeräuschen in den Schlaf begleitet.

„Entschuldigen Sie.“, drang irgendwann eine Stimme in Coleman´s Ohren.

„Möchten Sie Frühstück?“, fragte eine Stewardess, die vor ihm stand „Ja bitte, auf jeden Fall und das bitte reichlich für zwei Personen mit viel Kaffee.“ „Sehr gerne.“ Auch Sharon wurde dadurch wach und versuchte sich erst einmal zu Recht zu finden.

„Entschuldigen Sie, haben wir Zahnbürsten an Bord?“, war das Erste, was Sharon von sich gab. „Sicher, ich werde Ihnen alles bringen. Haben Sie sonst noch ein Wunsch?“, wollte die Stewardess wissen.

„Das ist lieb.“, nickte Sharon. „Aber nein ich würde mich melden.“

„Guten Morgen Jack, bist Du schon lange wach?“ Jack füllte gerade seine Speicher mit dem Frühstück auf, denn auch er hatte zu lange nichts mehr gegessen
Und grinste Ihr mit vollen Mund zu. „Männer und Ihr Essen.“, kommentierte Sharon seine Reaktion mit einem Lächeln.

„Wie lange werden wir noch Fliegen?“, wollte Sharon von ihm wissen, was Jack mit einem prüfenden Blick auf seine treue Begleiterin, seine Omega kontrollierte.

„Vier Stunden in etwa, ich weiß es nicht genau. Er drehte sich zur Scheibe, um zu schauen wo sie sich befanden und konnte erkennen, dass sie gerade über das offene Meer flogen. Dann überschlug er die Zeit noch einmal und wiederholte, „Ja vier Stunden kommen hin.“

„Wo werden wir denn dann hinfahren?“, setzte Sharon Ihr Frage-Antwortspiel fort. „Also es ist zirka fünfzig Minuten vom Flughafen weg. Der Ort liegt in der Eifel, das ist eine naturbelassene Gegend mit sehr bergiger Landschaft.“ „So wie die Rocky´s?“, frage Sharon schließlich.

„Nein weit weg davon, es ist viel grüner und die Berge sind nicht so hoch. Du kannst alles ohne Probleme erreichen.“

„Schön ich bin sehr gespannt, nur haben wir nichts zum Anziehen oder Jack?“

„Das habe ich schon bedacht, keine Sorge.“, beruhigte Jack Sharon Sorgen.

„Also, wenn wir dort sind, werden wir alle Infos noch einmal zusammentragen. Alle Fragen, selbst wenn Sie noch so unwahrscheinlich erscheinen, durchgehen.“

„Ich denke, dass wir in der Zwischenzeit eine weitere E-Mail von unserem Freund erhalten haben. Diese werden wir in unsere Überlegung mit einbeziehen. Nur zu dumm, dass wir so eine große Zeitverschiebung haben. Ach egal, dass klappt schon schnell genug.“, meinte er, wobei Sharon Ihn lächelnd ansah.

„Wenn wir das Geheimnis gelöst haben, werden wir ein Team vom CNN oder Ähnliches bestellen. Eventuell sogar mehrere, dann gibst Du eine Sondersendung und wir lassen das ganze platzen. Vorher werde ich das FBI und den Secret Service informieren und dann geht es Ihnen an den Kragen.“

„Bist Du sicher, dass das klappt?“, schaute Sharon Jack fragend an.

„Ja ich habe ein sehr gutes Gefühl, warte ab.“ Sharon legte Ihren Kopf an Jack´s Schulter und sagte leise, „ich hoffe es so sehr.“

„Das hoffte ich auch.“, gab Jack zurück, denn er wusste, die aktuelle Situation war auf Dauer für Sie der totale Nervenkrieg. Ihm war klar, dass sie so nicht ewig weitermachen könnte, so stabil war sie nicht, dachte er sich. ´Das gestern war schon zu viel für Ihr Nervenkostüm.

Sie brauchte eine Auszeit, dafür war Sara genau die Richtige. ´, dachte er sich, wobei sich ein Lächeln über sein Gesicht legte.

Der Jet ging in den Sinkflug und schlug ein Hacken, wodurch Coleman wusste, dass sie wahrscheinlich gegen sechs Uhr landen würden. Zudem hoffte er, dass Zollfreund am Flughafen die E-Mail´s pünktlich bekommen hatte.

„Was soll das heißen? Er ist tot?“, fauchte die Stimme in Mario´s Handy.

„Seid Ihr von allen guten Geistern verlassen?“ „Ich habe den Plan nicht zu gesagt Mister, ich gehe davon aus, er wollte das Misslingen am Sender beseitigen.“, antwortete Mario mit dem Gefühl eines getretenen Hundes in der Magengrube.

„Also darf ich davon ausgehen, dass Ihr für die Meldungen in Los Angeles verantwortlich seid?“ „Na ja so halb Mister, ich habe das nicht...“ „Kommen Sie mir nicht so Mario. Ihr habt beide die Verantwortung für den Job einfach eine kleine Frau ausschalten, die noch dazu von privaten Bodyguards geschützt wird.“, fauchte die Stimme „Ich werde ein neues Team einbinden, Wissen Sie wo sie sich zurzeit aufhalten?“ „Nein das ist mir nicht bekannt.“, antwortete Mario seinem Auftraggeber. „Sie sind raus! Bringen Sie alles in das Versteck, wenn Sie wieder In D.C. sind. Haben Sie das verstanden?“ „Ja deutlich Mister.“

Das war das Ende des Telefonats. Mario klappte das Handy zusammen und schäumte vor Wut.

Er nahm seine schwarze Tasche und verlies sein Zimmer mit dem Ziel Flughafen Los Angeles.

Jack und Sharon standen wieder auf festen Boden. Die Wolken in Köln hingen tief und Nieselregen befeuchtete Ihr Gesicht.

Als die beiden gerade in die Limousine steigen wollten, hielt ein VW Golf mit der Beschriftung Zoll vor Ihnen.

„Jack was ist passiert?“ „Nichts, steige ein damit Du nicht nass wirst. Es ist alles ok.“, antwortete Jack ruhig.

Aus dem VW vom Zoll stieg ein strammer Polizist. „Jack Coleman? Das glaube ich nicht. Als ich deine Nachricht gelesen habe und mir die News im Internet angesehen habe, konnte ich es nicht glauben. Es ist so schön dich wiederzusehen.“ „Steffan, ja doch Du kannst es glauben.“ Beide vielen sich wie alte Schulfreunde in die Arme.

„Also der Captain hat die Dinger?“ Coleman nickte nur. „Gut ich kümmere mich darum. Geht erst mal hier weg und durch den Zoll. Wir treffen uns in vierzig Minuten vor dem Flughafen an der Tankstelle.“, antwortete Steffan.

„Möchtest Du einen Kaffee Sharon?“, fragte Coleman sie höflich. „Nein, Nein, ich bin schon so aufgeregt genug. Nach wem halten wir Ausschau?“

„Blond, zirka so groß wie Du mit sehr charmantem Lächeln.“, antwortetet er Ihr.

Zwischen den vielen Menschen, die am Morgen hektisch hin und herliefen, um Ihre Flüge zu erreichen, stach eine Blondine heraus. Sie hatte langes blondes Haar, trug eine weiße, weite Bluse, die lässig über die schwarze Jeans fiel und dazu eine Lederpilotenjacke mit schwarzen High Heels.

Das Lächeln in ihrem Gesicht explodierte förmlich und ihre Augen funkelten, als Sie Jack sah. Ohne Worte viel Sie Ihm in die Arme.

„Es tut so gut dich zu sehen.“

Jack drückte sie fest an sich, was ihn einerseits freute, aber ihm auch weh tat, da sie roch wie ihre Schwester und ihr natürlich auch sehr ähnelte, was ihn an sie erinnerte.

Als sie sich voneinander gelöst hatten, sprach Jack mit einem Klos im Hals. „Darf ich vorstellen, Sharon Hutton.“ „Sara Schmitt.“ Sagte sie, bevor sich die Beiden in die Arme nahmen. „Es ist schön dich kennenzulernen.“, ergänzte Sara.

„Mensch Jack, Du bist alt geworden, aber wow.“, sagte Sara und knipste Ihm zu.

Sharon lachte, „ja ich habe den schönsten Leibwächter aus ganz Washington.“

Jack verdrehe seine Augen, „gut, Ihr versteht euch. Wo hast Du geparkt?“

Sara bat die Beiden ihr zu folgen und machte mit Ihrer Hand ein Zeichen, wie die Stewardessen. Die drei schlenderten durch den Flughafen, wobei sich Sharon seit langem mal wieder sehr entspannt fühlte und nicht bedroht. Jack prüfte dennoch unauffällig die Menschen die Ihnen entgegenkamen und Ihn mit Ihren Koffern folgten.

Als die Drei vor dem Flughafen ankamen, drückte Sara Jack einen Schlüssel in die Hand und sagte, „wie Du Ihn wolltest.“ Dabei lächelte Jack aus tiefstem Herzen, als sie auf einen Audi RS6 zugingen.

„Es war nicht einfach Ihn zu mieten, aber für dich ist nichts zu schwer.“

Jack nahm Sara in den Arm und gab Ihr einen Kuss auf die Stirn, so dankbar war er ihr.
„Fahren wir direkt zu mir oder?“, schaute Sara die beiden fragend an.
„Nein, erst zu der Tankstelle gleich hier um die Ecke, dann zu Dir.“ Dabei öffnete er Sharon die hintere Tür.

Jack stelle alles im Wagen auf sich ein Sitz, Spiegel, Head Up, dann drückte er den Startknopf. Er liebte dieses Gefühl, wenn solch ein V8 Triebwerk mit dem Turbo zum Leben erweckte.

An der Tankstelle stand schon der VW des Zolls, somit entging ihm, dass eine Kamera ihn hätte aufzeichnen können. Er bat die Damen im Auto zu warten und versicherte ihnen gleich wieder da zu sein, bevor er den Audi verließ.

Jack ging auf die Beifahrerseite und stieg bei seinem Freund ein.

„Mensch Jack, was ist passiert.“, frage Steffan ihn neugierig, wobei er ihm die versiegelte Tüte hinhielt.

„Danke, Du hast etwas gut bei mir.“, sagte Jack und sah ihn ernst an.
„Ich weiß nicht wo ich anfangen soll.“ Steffan lehnte sich zurück und meinte, „ich schätze am Anfang.“

Nachdem Jack Ihm die Situation kurz geschildert hatte und fertig war, schaute Steffan Ihn mit offenem Mund an, so als ob er Ihm gerade eine Drehbuchgeschichte erzählt hätte.
„Und diese Sharon sitzt dort im Wagen?“ Jack nickte und steckte sich seine Waffen ein.

„Also pass auf Jack, hier ist meine Nummer. Das geht im Notfall besser als E-Mail. Ich habe da noch ein paar weitere Experten an der Hand. Das nächste Problem ist, das die US Behörden sehen können, wer hier in Deutschland als US Bürger ankommt. Das heißt Du hast nicht ewig Zeit, denn Sie werden dich oder sagen wir euch, suchen.“

Steffan hielt Ihm seine Karte hin.

Jack steckte Sie ein. „Ok, pass auf ich muss wieder zum Dienst das war schon illegal genug heute.“ „Ja das stimmt, das reicht für eine Woche ich rufe dich an und danke.“ Jack drückte Ihm zur Verabschiedung fest die Hand.

Als Coleman wieder einstieg schaute er zu Sara. „Gut, dann will ich mal sehen, ob ich den Weg noch kenne ohne Hilfe.“

Dann schoss der Audi auf die Autobahn. Sharon blickte schweigend aus dem Fenster und ließ die Umgebung auf sich wirken.

Jack konnte im Rückspiegel sehen, wie Ihr Tränen über Ihre Wangen liefen. Der Schock saß noch immer in Ihr.

„Gut Jack, hast du einen Plan?“, schaute Sara Ihn fragend an. „Ja, ich möchte als erste Kleidung für sie kaufen. Wie heißt das gleich noch einmal bei Dir in der Gegend?“

„Bad Münstereifel, das Outlet meinst Du?“ „Richtig, gibt es das noch? erwiderte Jack, woraufhin Sara zustimmend nickte.

„Also zuerst zu Dir, dann dort hin. Sie muss auf andere Gedanken kommen.“ „Jack das schaffe ich schon. Lass mich nur mal machen.“, sagte sie, wobei Sara ihre kleine Hand auf Jack´s große Hand legte.

„Und Du? Brauchst Du nichts oder kommt das mit der Luftfracht?“, witzelte Sara. Coleman schaute Sara an, „oh natürlich, ich habe auch nichts.“ „Na dann werden wir mal shoppen, Ihr Beiden.“

Als Jack den Audi die Hauseinfahrt hinauffuhr, blickte Sharon neugierig nach oben. „Oh ist das schön Sara, mitten in der Natur.“, schwärmte Sharon. „Das sind wir und Du kannst dich wie zuhause fühlen. Mein Mann ist derzeit nicht da und wir haben sehr viel Platz. Ich habe Dir schon alles zurecht gemacht." Sharon war gerührt, als Sie Ihr Zimmer sah.

Sara führte Sharon im Haus herum, während Jack sich an den Tisch setzte und sein Gesicht in seinen Händen vergrub. Die Erinnerungen im Haus

der Tod von Gene setzte Ihm zu, was gerade jetzt, wo die Anspannung ein wenig abfiel, noch mehr zum Vorschein kam. Die Erinnerungen, die das Haus mit sich brachten, machten es nicht leichter in dem Moment alle Gefühle unter einen Hut zu bekommen.

Jack liefen Tränen aus den Augen. ´Was hatte er alles für Menschen verloren, die Ihm lieb und teuer waren. Das alles durch einen Job, den er für ehrenvoll erachtete, Ihm aber zu meist Schmerzen verursachte. ´

´War das der Preis dafür, gut zu sein und sich völlig für den Job hinzugeben? ´, pochten Ihm die Gedanken durch seinen Kopf.

Die Stimmen der beiden Frauen kamen wieder näher, weshalb er sich das Gesicht abwischte und versuchte seine Fassung wieder zu erlangen.

Sharon strahlte Jack an, „es ist so schön hier. „Es freut mich, dass es Dir gefällt.", erwiderte Jack, wobei er sich versuchte ein mattes Lächeln abzuringen.

„Passt auf, ich mache uns einen Kaffee und dann fahren wir mal für euch einkaufen.", rief sie in das Wohnzimmer und nahm Sharon in den Arm. Sara konnte in Jack´s Augen lesen und sah, dass er litt. Dabei kannte sie bis jetzt noch nicht einmal die ganze Geschichte.

Kapitel 20

Die leeren Einkaufstüten und Verpackungen stapelten sich im Flur.

„Sara ich brauche deinen Laptop und einen Aschenbecher. Wo kann ich mich am besten mal hinsetzten und etwas arbeiten?“

Sara stellte Ihren Vaio Laptop auf den Esstisch und bestätigte ihm, sich sofort um einen Aschenbecher zu kümmern. Sie setzte sich zu ihm und stellte zwei Tassen Kaffee vor sich sowie den versprochenen Aschenbecher.

„Sie schläft jetzt. Sie erinnert mich ein wenig…“ „Ich weiß.“, beendete Jack den Satz.

„Ok mein großer Junge.“, schaute Sara Jack ernst an. „Was ist passiert? Du würdest niemals hierherkommen, wenn es nicht schlimmer als schlimm wäre.“

Jack zündete sich eine Zigarette an und nahm einen großen Schluck Kaffee, dann begann er ihr die lange Geschichte zu berichten. Am Schluss hatte er ganze sieben Zigaretten geraucht.

Sara stand wortlos auf und kam mit einem Glas Wodka auf Eis wieder. „Trink den erst einmal mein Großer, was Jack tat. Er zog den Drink mit einem Zug herunter.
Sara füllte ungefragt nach und wies Jack darauf hin, dass sie über Alarmsystem verfügten, welches weiter ausgebaut wurde. „Du kannst ruhig durchschlafen.“, legte sie ihm ans Herz.

Coleman zog seine Baretta und legte sie auf den Tisch. Dann griff er an seinen Knöchelholster und schob die Zweite zur Ihr herüber. „Ich weiß, dass Du schießen kannst, das Magazin ist voll. Bitte nimm sie.“
Sara nahm die Waffe und legte sie ohne ein Wort darüber zu

verlieren neben sich auf den Stuhl.

„Am besten gehst Du ins Bett und morgen legst Du los. Ich helfe Dir wo immer ich kann.“

Jack´s Blick war glasig und das Licht der Kerzen hüllte sein Gesicht in große Sorgenfalten. „Ja danke, Du hast Recht.“ Er klappte den Laptop zu, stand auf, nahm Sara´s Hand, drückte Sie, zog die Waffe vom Tisch und ging ins Bett.

Nach fast sechs Stunden Schlaf, schnellte Jack hoch. Sein T-Shirt war klitschnass. Dann fing er an die Baretta zu ertasten, aber die war noch da, wo er sie zuvor abgelegt hatte.

Er spielte in seinem Kopf alles wieder und wieder durch und fragte sich, wie und woher die Täter wussten, wo sie waren? Hatten sie seine E-Mails mitgelesen? Hatte er einen faulen Mitarbeiter? Aber das konnte er sich nicht vorstellen. Bisher waren alle seine Mitarbeiter ihm gegenüber extrem loyal. Außerdem wäre das schon einmal wo anders aufgefallen.

Ich muss meine E-Mails checken, schoss es Ihm durch den Kopf. Er bewegte sich fast katzenartig durch das Haus zum Esszimmer, wo der Laptop stand. Dabei prüfte er Geräusche, die durch die Nacht im Haus und draußen entstanden. Sie waren ganz anders als in der Stadt, doch er kannte Sie noch durch die Übernachtungen von vor Jahren.

Das Licht des Laptops durchflutete das Zimmer, woran sich seine Augen langsam gewöhnten und sein Blick scharf wurde.

Er lockte sich auf ein, um seine E-Mails abzurufen. Die Nachrichten leuchteten nach und nach auf dem Bildschirm auf, wobei Jack seinen Blick durch das schöne Zimmer schweifen ließ. ´Zuerst einmal einen Kaffee. ´ ging ihm durch den Kopf.

Er öffnete die erste Nachricht, die er von Mister Waitman empfangen hatte und überflog sie gering.

Mister Coleman,

Sie haben das Richtige gemacht. Sie haben sich mit Ihr abgesetzt. Der Tot von Ihrem Mitarbeiter tut mir sehr, sehr leid. Ich möchte gar nicht wissen, wo Sie sind aber ich kann Ihnen etwas zu dem toten Täter sagen, was Sie interessieren dürfte.

Der Tote hieß Tells Jäger, er war beim Army Geheimdienst und Verstarb durch nicht geklärte Gründe im Irak durch eine I E D Explosion im Jahr 2015.

Das hat uns die Army bestätigt. Aber laut der Aussage derer Mitarbeiter, haben Sie Ihn im Einsatz berechtigt getötet. Laut des Obduktionsberichts, der uns vorliegt, war es Tells Jäger. Er war nach dem Vorfall im Irak verschwunden. Wer dort begraben wurde, muss geprüft werden. Er tauchte das erste Mal wieder in Los Angeles auf. Die Waffe die er mitführte, war nicht registriert und das Smartphone war verschlüsselt, was zum Muster passt.

Was das bedeutet und für Sie heißt, wissen Sie glaube ich sehr gut.

Wir arbeiten mit Hochdruck an der Aufklärung, nur werden uns und dem FBI Steine in den Weg gelegt, die wir ebenfalls prüfen müssen.

Ich hoffe Sie beiden bleiben Untergetaucht.

Jack blickte nach draußen, wo die Nacht langsam dem Morgen wich.

Jenny hatte Ihm aus dem Büro bereits fünf E-Mails gesendet, die er nun auch erst einmal lass und beantwortete.
Sie und der Rest der Firma kamen fast um vor Sorge. Doch Jack schrieb ihr, dass alles gut war und er hoffte und denkt, dass Sie

verstehen konnten, dass er hatte nur so reagieren können. Drastische Situation erfordern drastische Maßnahmen, schrieb er zurück.

Dann öffnete er eine E-Mail, die Ihm nach dem geheimnisvollen Freund aussah und er hatte Recht, sie war von ihm.

Liebe Sharon lieber Freund,

Ich hoffe Sie haben alles gut überstanden? Ich denke Sie haben alles richtig gemacht.

Die Infos die ich erhalten habe, macht es mir fast unmöglich Ihnen zu schreiben.

Ich glaube Sie beide sind auf dem richtigen Pfad. Vielleicht sollten Sie mal in die Richtung des Hauses schauen, was in der Welt bekannt ist und mal vor langer langer Zeit gebrannt hat. Zurzeit lebt dort ein Neuer und der neue hat einen Ritter. Er soll die Burg verteidigen, nur das machen Sie nie alleine.

bleibt am Leben!
Ihr Freund

Jack bekam seinen Mund nicht mehr zu. ´Wir sind alle Tod schoss es Ihm durch den Kopf. ´

Nun mussten sie mit allem rechnen Autobombe, Scharfschütze, Gift, immer und überall. Zu jederzeit. ´Die wollen nicht nur Sharon kaltstellen. Sie denken, dass alle die mit Ihr in Kontakt stehen, Mitwisser sind. ´

Coleman zündete sich eine Zigarette an, dann nahm er eine vertraute Stimme wahr, die von vorne kam.

„Guten Morgen Jack.“ Es war Sharon, die scheinbar ebenso an Jet

Lack litt, wie er.

„Wie hast Du geschlafen Jack?“ Coleman log Sie an, denn er wollte Sie nicht noch mehr verunsichern.

Dann stand auch Sara lächelnd im Zimmer und begrüßte die beiden mit „Guten Morgen zusammen, hat jemand Hunger?“

Coleman nickte. „Guten Morgen.“ „Oh ja Sara, komm ich helfe Dir.“

´Die beiden sind ein tolles Team. ´, dachte er sich.

Dann erschien eine weitere E-Mail auf seinem Bildschirm, die sich schon fast in seine Augen eingebrannt hatte. Diese kam von Frank Hutton´s privater Adresse. Coleman wusste, dass er jetzt kochte, was Ihm zum guten Schluss aber egal war, denn seine Tochter lebte, nur das zählte für Ihn.
Frank Hutton hatte die üblichen Begrüßung-Textpassagen weggelassen. Den Inhalt wollte Coleman nur überfliegen.

Was bilden Sie sich eigentlich ein? Sie entführen meine Tochter. Vermutlich stecken Sie hinter der Sache. Melden Sie sich sofort, doch Sie bekommen keinen Cent Lösegeld.

Das war in etwa der Inhalt der Nachricht, die Frank Hutton Ihm gesendet hatte.

Coleman beobachtete grinsend die beiden Frauen, die gemeinsam das Frühstück zubereiteten. ´So etwas Dummes. Dafür wird er sich entschuldigen, soviel ist sicher. ´, dachte er sich.

„Sharon hast Du eigentlich die Nummer von deinem Vater dabei?“ „Oh ja. Aber ich habe niemanden angerufen, wie Du gesagt hast. Obwohl es mir schwergefallen ist.“

Jack antwortete nicht weiter auf Sharon´s Antwort.

„Gut Jack, wollen wir anfangen?“, fragte Sharon Jack nach dem Frühstück, während sie neben Ihm am Tisch stand. „Ja lieber jetzt als später. Bitte ließ Dir als erstes diese E-Mails durch.“ Sara schaute Jack fragend an und wollte wissen, ob sie es auch lesen dürfte. Jack´s Blick verriet Ihr alles. Die beiden Frauen lasen zuerst die Nachricht von Waitman und danach die von dem Unbekannten. Zum guten Schluss öffnete er die, die Frank Hutton ihm geschickt hatte.

Sharon blickte Jack peinlich berührt und traurig an. „Es tut mir so leid, dass du so etwas bekommen hast, obwohl er weiß, dass Du der Letzte bist, der so etwas tun würde. Zudem hast Du mir das Leben gerettet.“ Sie schüttelte den Kopf, so abstrus empfand sie die Nachricht ihres Vaters.

„Sharon, ich nehme diese Mail nicht für ernst, also mach Dir keine Gedanken.“

Sara schob den Laptop weg. „Ja, wie kann man das nur denken, so etwas ist das Letzte.“

„Gut, Du hast die anderen E-Mails gelesen. Es ist Fakt, dass wir von der Spitze der US Regierung verfolgt werden und Sie werden Ihre Position, Manpower und Technik dafür nutzen uns zu jagen ...! Sie werden uns Finden! Wir leben nicht in den Bergen von Afghanistan, sondern in einer völlig überwachbaren Gesellschaft mit Kreditkarten, GPS, E-Mails, Handys, Kameras. Sie werden das alles überwachen, bis Sie uns finden. Und ich sagte Dir eins, Sie haben uns schon.“
Sharon liefen die Tränen über die Wangen. „Nein!“ brach Sara in den Monolog von Jack ein. „Dieser Laptop geht sicher raus. Klaus muss auch aufpassen, was er im Netz für seine Bücher recherchiert oder E-Mail bekommt und versendet dafür. Diesen Laptop findest Du nicht.“

„Bist Du Dir da ganz ganz sicher Sara?“, fragte Jack nochmals skeptisch nach.

„Ja Jack, er hat mir immer davon erzählt, dass er mit diesem Laptop bei der NSA klopfen könnte und niemand wüsste von wem, woher und was es für ein Gerät ist. Ein Freund von Ihm hat diese Sicherung für Ihn gemacht.“

„Ich will sicher gehen. Ich lasse das prüfen, damit wir absolut sicher sein können.“, erwiderte Jack.

Er sendete Waitman vom U.S. Secret Service eine E-Mail mit bitte, den Standort seines Laptops sowie die Inhaberdaten zu prüfen und zu bestätigen. Mit anderen Worten so viele Informationen, wie er bekommen konnte.

„Die Chance besteht, dass wenn der Secret Service es nicht herausbekommt, dass die anderen es auch nicht schaffen würden.“, sprach Coleman, während er den Text an Waitman tippte.

„Also über unsere Mobilgeräte könnten sie viel herausbekommen, aber die sind solange sie nicht ein gelockt sind, sicher. Denn es ist keine Software darauf die die Geräte Fernstarten könnten.“

Eine Antwort von Mister Waitman ließ nicht lange auf sich warten.

Mister Coleman,

ich lese Sie leben! Sie sind sich der Gefahr auch sicher, dass wir es herausfinden könnten von welchem Standort der Laptop genutzt wird und auf welchen Inhaber er registriert ist, womit Ihre Sicherheit zum Teufel wäre?

Wenn Sie mir die Antwort mit 'JA' beantworten, haben Sie von mir in zirka zwanzig Minuten Ihre Antwort.

Coleman Bestätigte und versendete seine Antwort.

Alle drei schauten sich fragend an und fragten sich, ob es nun eine weitere ruhige Nacht werden würde.

„Möchte noch jemand Kaffee?“, lockerte Sara das Schweigen auf, was Sharon und Jack fast synchron mit „Ja.“, beantworteten.

„Ok, lass uns das Puzzle weiter zusammenführen.“ „Jack Was haben wir noch?“

Mit Papier und Kugelschreiber wurden Skizzen gemacht um Verbindungen dazustellen. „Sharon, wenn der Standort sicher ist, lädst Du deine E-Mails auch herunter.“

Dann kam die lang ersehnte Antwort von Mister Waitman. Alle drei schauten wie Kinder zur Bescherung an Weihnachten.

Mister Coleman,

danke vorab für Ihr Vertrauen.

Nach den ersten Prüfungen sind Sie in Australien.

Mit freundlichen Grüßen

Waitman

Grüße Coleman schrieb er als Antwort.

„Sharon, Du solltest vielleicht parallel deinen Vater anrufen, damit er sieht, dass er falsch liegt und weiß, dass es Dir gut geht.

Und er soll bitte Niemandem sagen wo wir sind, zu Niemandem.“, wiederholte Jack. „Gut, ich rufe Ihn mal an.“, erwiderte Sharon. Wonach sie in ihr Zimmer ging. Coleman schaute Ihr in Gedanken nach.

„Meinst Du das war richtig, Jack?“, fragte Sara und ging sich dabei durch Ihre langen blonden Haare.

„Ich weiß es nicht, aber ich denke Ihr Vater sollte wissen was los ist.“
„Du bist der Chef Jack.“, sagte Sara, „und was hast Du vor?“
Er erklärte ihr, dass er zuerst nach Antworten zu den noch offenen Fragen suchen wollte und danach wollte er bei den deutschen Fernsehsendern wie Welt und N-TV klopfen, um mit deren Hilfe die Sender CNN und NBS aus den Staaten zu kontaktieren. Er war sich sicher, dass sich die ganze Weltpresse auf Sharon´s Ermittlungen stürzen würde.

„Nachdem das ausgestrahlt wurde, wird einer von denen einen Fehler machen, womit wir sie festnageln können oder besser das Gesetzt. Dann wird gezahlt für das was Sie angerichtet haben.“, sagte Jack, wobei er Sara ernst anschaute.

„Gute Idee… und am besten nicht nach dem Tot von euch.“, gab Sara zurück.

Jack steckte seinen Kopf wieder in die Daten, die sie gesammelt hatten und suchte weiter nach Punkten, die schlüssig zusammenpassten.

´Also eines ist sicher, die Firmen in Indien werden vom U.S. Geheimdienst finanziert und die Firmen, die sie mit Maschinen ausrüsten, kommen auch aus den USA. Nur weiß ich nicht, was sie produzieren. Arzneimittel an der Kontrolle vorbei auf den Schwarzmarkt vielleicht?, Uran?, einen Terroranschlag im Namen Anderer, um dort mehr Einfluss durch weitere Truppen zu gewinnen? der Markt war riesig, egal was 1,5 Milliarden Menschen… oder vielleicht Kriegsmaterial?′, durchzogen die Gedanken Coleman′s Kopf, während er im Netz weitere Spuren verfolgte, von Firmen bei denen in der Vergangenheit so oder ähnliche Verstrickungen durch Geheimdienste bekannt geworden waren.

′Verdammt noch mal, woher wussten die, dass wir in dem Hotel waren? ′ Dieser Gedanke machte Coleman rasend.

′Ich hoffe doch nicht, dass es einer von meinem Team ist? Aber so schnell hätten die die Infos mit Zimmernummer nicht haben und weitergeben können. Dafür war das Büro in Los Angeles zuständig gewesen und die haben keine Daten nach D.C. gesendet. ′

′Das passte Zeitlich nicht, das muss wo anders herkommen. ′, spielte Coleman die Geschichte wieder und wieder im Kopf durch.

Sharon kam mit einem Wechselbad der Gefühle wieder in das Wohnzimmer. „Er ist so sauer auf dich Jack.“ Jack blicke zur Sharon auf und meinte, „ja ist er das? Das tut mir leid, aber mir ist dein Leben nun einmal wichtiger, als andere. Denn Du bist mein Auftrag.“ „Jack ich weiß, dass Du mich nie hängen lassen würdest.“ Jack schaute Sharon ernst an und nickte fast unmerklich.

„Er will nach Köln kommen und mich abholen.“, ergänzte sie. „Er hat wohl eine andere Firma, die mich schützen soll.“

„Sharon bitte höre mir zu, es geht mir hier nicht um Geld. Es geht mir um dein Leben, meinen Job, meine Ehre und um die Aufklärung der Verbrechen für die Menschen die dafür gelitten haben und ihr Leben lassen mussten. Aber Du musst am Ende entscheiden, ob und mit wem Du gehst. Du bist nicht meine Gefangene.“

Sharon stand inmitten des Wohnzimmers. Sara und Jack schauten sie an. Es war plötzlich so leise, dass man das Kaminfeuerholz beim Brennen knacken hören konnte.

Ihre blauen Augen füllten sich mit Tränen die über ihre Wangen liefen und auf den Boden tropften. Sara stand auf und nahm sie in die Arme. Dabei flüsterte Sharon weinend, „ich bleibe, ich bleibe bei Jack. Nur er kann mich schützen."

Jack brodelte vor Wut und dachte ´er macht es sich sehr einfach. Er trägt alles auf Ihrem Rücken aus. Zuviel Geld und Macht versauen den Charakter, so viel ist sicher. ´

„Wann will er denn kommen?", frage Sara leise.

„Ich glaube in zwei, vielleicht drei Tagen.", antwortete Sharon ebenso leise.
„Gut Sharon.", gab Jack dazu. „Wir werden jetzt alle Fakten an unseren Freund senden. Vielleicht kann er noch ein paar Lücken schließen. Dann rufen wir die Medien dazu. Wir lassen einfach etwas platzen, denn wir haben schon Einiges. Es ist nicht alles einhundert Prozentig belegt, aber viele Punkte decken die Vermutung, die wir haben, gut ab. Das wird in einigen Büros eine Bombe platzen lassen."

Sharon schaute an der Seite von Sara vorbei und war nach Jack´s Idee wohl dabei neuen Mut zu fassen.

„Los lass uns weitermachen.", gab Sara mutig zurück. Die beiden Frauen setzten sich zur Jack an den Tisch, wo Jack ihnen von seinen Gedanken und den Informationen, die er noch zusammengetragen hatte, erzählte.

Sharon hatte nach Prüfung Ihrer E-Mails weitere neue Antworten bekommen, die die Geschäftsführer beinhalteten.

„Also eines ist klar, die Pläne und Umsetzungen müssen von oben abgesegnet werden. Ohne ein Ok geht da nichts. Die Idee kommt nicht von einem Sacharbeiter, der das anordnet oder dafür unterschreibt. Die Sache ist groß, aber nicht so groß, dass es nicht im geheimen machbar ist. Siehe hier Sharon..., und der Kongress, da bin ich mir sicher, hat das nie zu Gesicht bekommen." „Und wenn, nicht so dargestellt.", ergänzte Sharon.

Als die E-Mail fertig getippt war, wurde es bereits Abend. Die Wolken hatten sich wohl eine Überraschung überlegt, die sie uns am kommenden Morgen präsentieren wollten.

Jack drückte die Sendetaste am Vaio, wonach sich alle drei zufrieden nach hinten in ihre Stühle zurückfallen ließen.

„Sharon magst du Fisch? Dann würde ich etwas für uns kochen?" Jack lächelte, Sara mit leuchtenden Augen an, „sie ist die beste Köchin, das kannst Du mir glauben." „Ja sehr gerne.", erwiderte Sharon und fragte, „mit einer Flasche Wein dazu?" „Vielleicht mit zwei.", lächelte Sara.

Jack begrüße den neuen Tag mit einem kleinen Blick durch die Scheibe und realisierte, dass das was von seiner Netzhaut zu seinem Gehirn transportiert wurde eine große, weiße Schneedecke war.

Dann startete er mit ein paar Sportübungen, die seinen Kreislauf in Schwung brachten, in den Tag.

Als er das großzügig Wohnzimmer im ersten Stock betrat, saßen beide Frauen bereits am Esstisch und lächelten Ihn an. „Guten Morgen du Langschläfer." „Guten Morgen Ihr Beiden, oh schon wach?" „Oh ja, schon lange.", lächelten Sie Jack an. ′Da stimmt doch etwas nicht. ′, dachte sich Jack. „Ist etwas passierst?"

Sara drehe den Laptop zu Jack und forderte ihn auf zu Lesen. Jack schnappte sich die Tasse Kaffee von Sara und setzte sich. „Ich wusste es.“, lächelte Jack die beiden an. „Das ist ein Beweis dafür, dass wir richtig lagen.“

Coleman trank seine Tasse Kaffee zügig aus und stellte sie auf den Tisch. „Gut Sharon, schalte die Medien ein.“ „Sara, wo können wir sie hinbestellen? Nicht hier hin, weg vom Haus.“

„Unten im Städtchen, da haben alle Platz im Hotel.“, antwortete Sara. Jack nickte einverstanden. „Ich muss ein paar Jungs dazu bestellen, die das Ganze für uns sichern.“

Sara klärte alles telefonisch mit dem Hotel, wo sich alle Medienvertreter eintreffen sollten, während Sharon ebenso am Telefon hing und mit den US-TV Sendern und Washington Post sprach.

Coleman nahm sich die Deutschen Sender vor. Sein Plan ging auf, selbst die Deutschen hatten von den Attentaten in D.C. berichtet und waren neugierig. Ein besonderes Bonbon war allerdings, dass direkt aus Deutschland berichtet wurde. Sharon lächelte Jack an und sagte. „Du bist toll Jack Coleman!“

Alle würden am kommenden Abend um zwanzig Uhr hier im Hotel erscheinen, weshalb Sharon sich als nächstes auf das Interview vorbereitete und niederschreiben wollte, damit keine ihrer Punkte in Vergessenheit geraten konnte.

Jack ging vor die Türe und zog die Karte von Steffan hervor, die er ihm zuvor gegeben hatte. Ihm war klar, dass es noch nicht vorbei war.

Nachdem Jack alles mit seinem Freund Steffan besprochen hatte, kam er zirka dreißig Minuten später wieder ins Haus, wo es toll nach frisch gekochtem Essen roch.

Als alle zusammen am Tisch versammelt waren, fing Jack an zu berichten.

„Für Morgen im Hotel habe ich Profis engagiert, sie dürfen zwar nicht offiziell, wie bei uns in Amerika arbeiten, aber die deutsche Polizei wird nichts machen können und wenn das bekannt wird, was Morgen berichtet wird, weiß man nicht, wie unser Staat reagiert. Sie werden verdeckt schützen."

Die drei saßen nach dem Essen noch bei einem Glas Wein zusammen und gingen diverse Punkte durch.
„Ist das dein Handy Sharon? „Oh ja Sara, danke." Sharon rannte in Ihr Zimmer und kam mit dem Telefon an Ihrem Ohr zurück zu den Beiden. Am anderen Ende war Frank Hutton, was nicht zu überhören war. ´Was wollte der jetzt schon wieder? ´, dachte sich Jack.
„Ja genau Daddy, was sagst Du dazu? Das ist doch eine Schweinerei das muss an die Öffentlichkeit." „Kind ich würde es besser zu Hause im Sender machen, das ist viel sicherer. Bist Du dir sicher, dass es stimmt, was Du da hast? Meiner Meinung nach hört es sich nicht wahr an, ich glaube es nicht." „Daddy, Du weißt doch, dass ich noch nie etwas Falsches berichtet habe." „Sharon, Kind, zeig mir doch erst einmal was Du da alles zusammengetragen hast, dann sehen wir weiter. Ich denke Du solltest es nicht so überstürzen, vielleicht kann ich dazu noch etwas heraus bekommen Kind."

Sharon´s Euphorie wurde durch Ihren Vater merklich gedämpft. „Meinst Du Daddy?" „Ja mein Kind." Sara, die das Gespräch größtenteils mitverfolgt hatte, schüttelte Sharon mit Ihrem Kopf zu und gab Ihr zu verstehen, dass Sie es nicht verschrieben sollte und Ihr Ziel klar verfolgen musste.

Jack Coleman konnte dazu keine Partei ergreifen, das war nicht seine Aufgabe. Jedoch wollte er natürlich auch nicht, dass sie es verschob, aber im Grunde war er nur für Ihre Sicherheit da.

Er zündete sich eine Zigarette an und zog sich in eine Ecke des Wohnzimmers zurück, wobei er begann seine Beretta 92 zu putzen. Dabei konnte er mal ein wenig abschalten. Sara kam mit zwei Gläsern Wein in den Händen zu ihm und fragte, „hey schöner Mann möchtest Du Gesellschaft?“

Jack atmete tief durch und schaute Sie von unten an. Dann lächelte er und antwortete, „ja gerne Du schöne Frau.“ „Wie ich sehe bist Du der Beretta treu geblieben?“ Jack nickte, „ja das bin ich.“ „Weißt Du Jack, Sie wird es morgen machen. Da bin ich mir sicher.“ Jack legte seine Stirn in Falten und meinte, „ich hoffe es Sara, ich hoffe es.“

„Weißt Du was? Ich sehe euch Beide immer noch so glücklich wie Kinder auf dem Balkon stehen und nach Sternschnuppen Ausschau halten. Sie fehlt mir immer noch so sehr.“

Jack´s Blick ging zum Balkon, der gerade wieder von neuem Schnee bedeckt wurde. Er zog die Augen zusammen, „ja ich weiß, ich rieche und fühle Sie immer noch, jeden Tag. Ihre Berührungen waren einzigartig. Es war so, als ob Sie mein Gegenstück auf dieser Welt für mich war. Das passte einfach, so etwas hatte ich vorher nie erlebt.“ „Jack und Du kannst Dir sicher sein, Sie hat dich so sehr geliebt wie Du Sie! Sie hat mir so viel von euch erzählt. Sie war sehr, sehr glücklich an deiner Seite.“

Jack steckte das Magazin wieder ein, sicherte seine Waffe und ließ sie wieder an Ihrem Platz verschwinden. „Wir haben viele Sternschnuppen zusammen gesehen, nicht nur hier bei Dir.“ Dann leerte Jack sein Glas Wein mit zwei Zügen.

Während seinem Gespräch mit Sara, ging das Telefonat zwischen Sharon und ihrem Vater weiter und war erst nach weiteren zehn Minuten zu Ende.

Beide schauten Sharon fragend an, nachdem sie aufgelegt hatte. Sara löste sich als Erstes und fragte Sie neugierig, wie es gelaufen war. „Ich mache es morgen und er wird morgen früh hier auf dem Flughafen landen. Er möchte die Adresse von hier haben."

„Ich gebe sie Dir, dann kannst Du sie Ihm schicken.", erwiderte Sara schwer atmend.

Jack wusste immer noch nicht, was er von dem Gespräch halten sollte und erklärte den Ladies, dass er eine Runde um das Haus gehen wollte. Jack sprang auf, schnappte sich seine Jacke und ging die Treppe nach unten.

Er brauche einen freien Kopf und wollte sich einmal umsehen. Draußen sah er, dass der Audi, der unter dem Vordach stand noch genauso glänzte, wie am ersten Tag.

Jack kroch unter den Wagen und prüfte, ob sich eventuell schon jemand daran zu schaffen gemacht hatte, der nicht erwünscht war. „Nichts, zum Glück.", sprach er zu sich selbst.

Nachdem er eine Runde um das Haus gelaufen war und nach Fußspuren im frischen Schnee Ausschau gehalten hatte, kam er mit einer roten, kalten Nase wieder in das Haus zurück.

„Wo warst Du denn Jack?", frage Sharon Ihn neugierig. „Ich habe mal geschaut, ob wir schon Besuch haben die uns ausspionieren." „UND?", wollte Sharon mit großen Augen von Jack wissen.

„Nichts, also nicht das mir etwas aufgefallen wäre."

´Noch ist es hell. ´, dachte sich Jack. „Sara.", rief er durch das Haus. „Ich glaube sie spricht mit Ihrem Mann am Telefon.", erwiderte Sharon ungefragt. ´Ja natürlich, den gab es auch noch. Habe ich fast vergessen. ´, dachte sich Jack.

„Möchtest Du noch ein Glas Wein?“ Sharon hielt ihm die Flasche hin, aber er lehnte dankend ab. „Das ist lieb, aber ich muss morgen fit sein.“, erwiderte er kurz. Außerdem wird es langsam spät und die Luft hier, macht mich müde. Sie ist ganz anders als in D.C.

„Ja sie ist viel sauberer als in einer Stadt.“, gab Sharon zurück, als Sara das Wohnzimmer gerade wieder betrat und dabei Grüße von ihrem Ehemann ausrichtete. „Er drückt Euch die Daumen und wünscht Euch viel Erfolg. Er ist traurig das er nicht dabei sein kann.“, ergänzte sie.

„Danke.“, erwiderten beide. „Ich hoffe, ich sehe ihn bald mal wieder, ohne solch eine schwierige Situation.“, gab Jack noch abschließend hinzu.

„Sag mal Sharon, wann wird dein Vater morgen hier eintreffen?“, hackte Coleman nach.

„Er meinte, dass er um sieben Uhr fünfundvierzig unserer Zeit landen würde. Dann müsste er um spätestens neun Uhr fünfundvierzig hier sein.“ „Ja das kommt hin.“, bestätigte Jack.

Jack war es so langsam dunkel genug, um sich von den Beiden zu verabschieden und ins Bett zu gehen.

„Ach Sara, das habe ich fast vergessen. Hast Du ein Fernglas hier?“ „Ja, ich habe eines im Arbeitszimmer. Brauchst Du es jetzt?“ „Ja, es wäre nett, wenn Du es mir geben könntest.“ Sara ging los und kam zwei Minuten später mit dem Fernglas in der Hand zurück, was sie Jack übergab.

Doch bevor er damit loslaufen konnte, bestätigte ihm Sharon, dass sie für den nächsten Tag alles zusammengetragen hatte. „Ich hoffe ich habe nichts vergessen.“, sagte sie etwas unsicher. „Nein und selbst wenn, für die erste Explosion reicht das. Mit dem Rest, machst Du den Sargdeckel dann zu.“, antwortete Jack grinsend.

Er wünschte den Beiden eine Gute Nacht und betrat sein Zimmer, ohne das Licht einzuschalten. Er nahm das Fernglas aus dem Koffer und schaute sich die Gegend an. Vereinzelt brannte das Licht in manchen Häusern auf dem Hang gegenüber. Er stellte es scharf und versuchte Auffälligkeiten zu finden, Autos mit anderen Kennzeichen oder nach Personen die gegebenenfalls unter Bäumen standen und das Haus beobachteten. Aber da war nichts, nur ein Paar, was mit Ihrem Hund wohl die letzte Runde Gassi ging.

´Gut dann ins Bad und danach schaue ich noch einmal. ´, nahm er sich vor, aber auch nachdem er sich im Bad fertig gemacht hatte, war nichts zu entdecken.

Jack wurde in dieser Nacht dreimal wach, ohne es zu wollen. Er stand auf, prüfte die Gegend und lief einmal an den Türen der beiden Frauen vorbei. Jedoch war das nichts, was nicht normal war, außer dass der Schnee nachgelegt hatte und es immer noch schneite.

Nach seinem letzten Rundgang schaute Jack mit müden Augen auf seinen Wecker und stellte fest, dass dieser in zirka zwei Stunden klingeln würde.

Kapitel 21

Die Gulfstream von Frank Hutton rollte pünktlich auf dem Köln / Bonner GAT Bereich aus. Die Triebwerke waren noch nicht ausgelaufen, da stand Mister Hutton bereits in der offenen Tür.

Die Sonne strahle vom Himmel, so als ob sie sich eitel im Schnee spiegeln wollte.

Jack prüfte die Umgebung an diesem Morgen wieder und wieder durch die Fenster. Er hatte mittlerweile die zweite Tasse Kaffee getrunken.

Immer wieder kontrollierte Jack seine E-Mails, aber auch hier hatte er nichts Neues empfangen, was ihn zu einer Planänderung drängen würde, oder alles neu zu überlegen anregte.

Das niemand das Haus beobachte oder ähnliches machte Ihn nervös.

Während er sich auf den bevorstehenden Tag vorbereitete und die Frequenz seiner Kontrollen erhöhte, hatten die beiden Frauen es sich noch gemütlich gemacht und gingen im Internet Bekleidungsseiten durch.

Dann sah Jack durch das Fernglas, wie sich die schwere Mercedes S-Klasse den Berg hinauf in Richtung Sara´s Haus näherte. ´Da ist er. ´, dachte sich Jack, Frank Hutton.

Coleman ging in das Wohnzimmer, um Sharon mitzuteilen, dass ihr Vater gleich da sein würde. „Da bin ich gespannt.“, erwiderte Sara und sprang vom Tisch auf, wobei Sharon fragte, „jetzt schon?“

Die S-Klasse kam das letzte Stück von der Straße zum Haus nicht hinauf, dafür war der Schnee zu tief. Frank Hutton musste die letzten

Meter also zu Fuß gehen.

„Ich werde Ihn mal begrüßen gehen.“, murmelte Sharon leise.

Sie konnte Ihren schwarz gekleideten Vater mit seinem schwarzen Aktenkoffer durch die Türe kommen sehen.

„Kind wo bist du denn hier gelandet? Geht es Dir gut?“, betrat Frank Hutton fragend das Haus.

„Daddy es ist schön dich zu sehen und ja, es geht mir sehr sehr gut, was ich Jack verdanke.“, betonte sie. Frank Hutton winkte mit seiner Hand ab und gab Ihr seinen Mantel.

„Guten Tag, mein Name ist Sara Schmitt.“, begrüßte Sara Frank Hutton etwas reserviert. „Guten Tag, Hutton Sie wohnen bestimmt hier?“ Sara ließ die Frage unbeantwortet. Dann trat Jack näher, wonach die Beiden sich die Hand gaben. „Coleman hmm ja, wir haben wohl etwas zu klären.“ sagte er spitz.

„Mister Hutton, bei allem Respekt ich glaube nicht, denn Ihre Tochter sollte wissen und entscheiden, wie und wer Sie in dieser Lage schützt. „Ich glaube das lassen Sie uns unter vier Augen besprechen, Mister Coleman.“

Coleman schüttelte langsam seinen Kopf. „Nein das dürfen gerne alle Beteiligten hier im Raum erfahren. Ich habe keine Geheimnisse.“

Sara spürte die Funken, die zwischen den Beiden sprühten und wollte die Lage etwas entspannen. „Mister Hutton, möchten Sie etwas trinken?“ „Wenn Sie haben, einen starken Kaffee.“, kam es so schnell zurück, als hätte er nur auf die Frage gewartet.

„Setzen wir uns doch alle.“, brachte Sharon dazu ein.

„Gut jetzt sitzen wir. „Sharon, Kind, ich habe kein gutes Gefühl bei Mister Coleman.“ Jack steckte sich eine Zigarette an und betrachtete Frank Hutton´s Körpersprache. „Ich habe das Gefühl er und diese Frau manipulieren dich.“

Jack konnte Sara´s Kopfschütteln sehen. „Daddy, Jack hat mir das Leben gerettet, so wie sein Auftrag es vorsah.“ „Ja meinst Du? schnaubte Frank Hutton. „Ich denke Mister Coleman, Sie und alle Ihre Leute haben sie manipuliert, damit Sie Ihnen aus der Hand frisst, so wie sie es jetzt tut.“

Coleman stand auf, „Mister Hutton, was erlauben Sie sich!“

„Ich würde gerne mal von Ihnen wissen, womit Sie diese Lüge untermauern wollen. Gut belassen wir es dabei, darauf kommen wir gleich zurück.“, wurde Frank Hutton´s Stimme lauter. Scheinbar wollte er der Wahrheit aus dem Weg gehen.

„Wieso Mister Hutton, ich stehe zu allem und lege alles offen. Es geht mir um die Wahrheit.“, reizte Jack ihn weiter.

„Coleman Sie wissen nichts. Nichts von der Wahrheit Mister Coleman.“, sagte Frank Hutton, während er aufstand und Sara ihm seinen gewünschten Kaffee gab.

„Und was Sie beide da für einen Mist recherchiert haben, ist eine der größten Skandal-Lügen, die ich je gehört habe.“ Frank Hutton verlor seine Kontrolle und schlug auf den Tisch. „Unser guter Präsident der USA und der Verteidigungsminister währen in geheime Waffenfirmen in Indien involviert…“ Frank Hutton stockte.

„Daddy.“, Sharon blicke Ihren Vater ungläubig an. „Was hast Du da gerade gesagt?“ „Mister Hutton. wie darf ich das verstehen?“, ergänzte Jack ihre Frage. „Sie stecken mit der US Regierungsspitze dahinter?“, ging Jack Sharon´s Vater scharf an.

„Dann sind Sie und unser sauberer Präsident für den Tot der Menschen verantwortlich und den…, ich will es nicht aussprechen, mit verantwortlich.“

„Und den fast Tod Ihrer Tochter?“ Sara vervollständigte den Satz von Jack.

Sharon liefen die Tränen über die Wangen. Sie konnte nichts mehr sagen. Die Worte ihres Vaters hatte sie aufgenommen und stand wohl unter Schock. Ihr eigener Vater.

Frank Hutton überkam die Panik. Er merkte, dass er über das Ziel hinausgeschossen war. Schweißperlen standen Ihm auf der Stirn und seine Hände zitterten.

Er griff mit geübter Handbewegung nach seinem Koffer und öffnete Ihn, woraus er eine Walther P99 nahm und diese in der Hand hielt.

Mit der Waffe in der Hand, forderte er Jack auf sich an den Tisch zu setzten. „Legen Sie beide Hände nach oben, aber vorher legen Sie mir Ihre Barrett auf den Tisch und das Ganze mit zwei Fingern! Wenn Sie eine Bewegung machen, die mir nicht passt, dann wird ihre Freundin vor ihren Augen verbluten. Ich denke Sie haben verstanden!“

Coleman nickte und zog die Baretta mit zwei Fingern heraus. Er legte sie im hohen Bogen vor sich auf den Tisch und versuchte die Situation mit den Worten, „bleiben Sie ruhig Mister Hutton“, zu entschärfen.

Sara saß wie eine Salzsäule am Tisch und beobachtete das Geschehen nur.

„Was wollen Sie jetzt tun?“, fragte Jack ruhig nach. Er konnte sehen, dass Frank Hutton extrem unter Druck stand, was eine unüberlegte Handlung nach sich ziehen konnte.

„Als erstes telefonieren, Sie Klugscheißer, Coleman.“ Frank Hutton nahm sein Smartphone und wählte eine Nummer.

„Ja Frank.“, erklang es am anderen Ende. „Ich habe Sie. Was soll ich tun?“, fragte Frank Hutton unsicher. „Wieviel?“, erwiderte die unbekannte Stimme. „Drei.“, antwortete Hutton. „Das, was wir schon die ganze Zeit machen wollten. Töte Sie verdammt, sonst gehen wir alle in den Knast und die mächtigste Macht der Welt ist bloßgestellt, nur weil Du unentschlossen bist! Es geht nicht anders Frank, töte Sie verdammt! Es geht um unser Land und um uns.“ Frank Hutton legte auf, doch die Drei am Tisch hatten jedes einzelne Wort mithören können.

„Das war Bobby Ritter richtig? Dieses miese Schwein!“, stelle Coleman fest.
Sharon kippte bewusstlos zur Seite und schlug ungebremst mit dem Kopf auf den Kachelboden. Das alles war zu viel für Sie.

Plötzlich sprang Jack auf, was einen Schuss aus der P99 nach sich Zog. Danach riss es Sara vom Stuhl.

Coleman stand wie eingefroren am Tisch. „Das war nicht nötig.“ Coleman kämpfte mit seiner Fassung.

„Und Sie, Mister Coleman, erschieße ich zum Schluss.“, grinste Frank Hutton völlig gefühlskalt „Das können Sie nicht ernst meinen.“, erwiderte Jack.

„Darf ich jetzt nach Sharon sehen?“ „Ja, machen Sie nur. Sie Sadist. Wozu helfen Sie Ihr noch, wenn Sie ...?“ Frank Hutton beendete seinen Satz nicht.

Jack beugte sich nach Sharon unter den Tisch, erhaschte dabei einen Blick zu Sara und zog Sharon wieder auf den Stuhl. Eine große Platzwunde, die stark blutete, klaffte an Ihrer linken Stirnseite.

Jack strich Sharon die Haare hinters Ohr und wollte ihr Gesicht auf den Tisch legen, als Sharon wieder zu sich kam. Als er wieder neben Sharon saß, kam Frank Hutton näher und zielte auf seine Tochter.

Dann knallte es zweimal und kurz darauf ein drittes Mal.

Frank Hutton ging rückwärts, wobei er Jack Coleman mit großen Augen anstarrte. Sein Verstand konnte Ihm nicht erklären, was geschah. Er ließ seine P99 fallen und hielt sich seinen Bauch, wonach sich die Farbe seines Hemdes blitzschnell von weiß auf hellrot änderte. Dann viel er nach hinten um. Das letzte was von Ihm zu hören war, war die Luft, die aus seiner Lunge durch seinen Mund strömte.

Jack sprang auf, legte seine zweite Waffe auf den Tisch, zog sein Prepaid Handy hervor und wählte den deutschen Notruf 112.

Mit dem Handy in der Hand rutsche er zu Sara auf den Boden, schob Ihr Ihre blonde Mähne zur Seite und fühlte an Ihren Hals. „Ja, ja, sie hat Puls! Hey mein Mädchen, Du machst mir hier jetzt nicht schlapp. Die Guten haben gewonnen und du musst mitfeiern.“, sprach Jack unaufhörlich auf Sara ein.

Dann Zog er Sara auf die Couch, zerriss Ihre Bluse, die das Blut nicht mehr halten konnte. Es tropfte von der Couch auf den Boden. ′Wo ist sie? ′, fragte er sich. Dann hatte er die Schussverletzung unter dem linken Schlüsselbein gefunden.

„Sharon kannst Du mich hören? Jack hier.“, rief er Ihr zu, als er in Richtung Küche rannte. Er brauchte unbedingt Tücher, um die Blutung von Sara zu stoppen.

Als Jack zu Sara zurückkam, war Sharon wieder bei Bewusstsein.

Sie hielt sich etwas wankend am Tisch fest und weinte bitterlich. ´Das war wohl mehr durch ihre Verletzung im Herzen, als die am Kopf. ´dachte sich Coleman. Nur musste er sich jetzt um Sara kümmern, Sie schwebte in Lebensgefahr. Es bestand die Gefahr, dass Sie noch bevor der Rettungswagen eintraf, verblutete. Weiterhin konnte die Kugel nach unten abtauchen und noch mehr verletzten, denn es gab keine Austrittswunde.

Dann war es zu hören, der vertraute Klang der Rettungswagen Sirenen die kam immer näher.

„Sharon, Sharon komm her.“ Sie kniete sich zu Jack an die Couch und fragte, „was soll ich tun?“ „Du drückst jetzt die Handtücher auf die Wunde, aber mit mehr Druck. Sie darf nicht noch mehr Blut verlieren.“

Sharon nickte nur und drückte Sara die Wunde ab, während Jack zum Tisch rannte, nach seiner Baretta und die Treppe nach unten stürmte.

Die zwei Sanitäter samt Rettungsarzt standen vor der Tür. „Sie haben angerufen?“ Jack hielt Ihnen seine Hände hin, die von Sara´s Blut tiefrot waren. „Schussverletzung, unterhalb des linken Schlüsselbeins, kein Austritt.“, antwortete er knapp.

Er stürmte die Treppe wieder hinauf, wo ihm beinahe das Herz stehen blieb, als er auf den letzten vier oberen Stufen ankam. Sharon blickte Jack und Ihren Vater versteinert an, der mit seiner P99 in der rechten Hand halb auf dem Tisch hing.

Es viel ein weiterer Schuss. Dieses Mal traf es Frank Hutton direkt in den Hinterkopf. Sharon schrie auf, als ihr Vater zuerst nach vorne und dann vom Tisch zu Boden fiel. Dabei gingen die drei Helfer in

Deckung.

Coleman rannte weiter auf Sharon zu und zog sie in seine Arme. „Schau nicht hin, hörst Du? Es ist vorbei. Dir tut keiner mehr etwas, nie mehr.“

Die Helfer fingen sofort mit Ihren Maßnahmen an.

Sharon blickte Jack tief in seine Augen und flüsterte ergriffen, „davon habe ich geträumt.“

Ende

Ich möchte mich für die Mithilfe bei dem Buch sehr Herzlich bedanken bei Sarah-Julia Jeuck, Manuela Kugel sowie bei den Kollegen der Polizei Köln.

Lars Green